CONFÉDÉRATION GÉNÉRALE DU TRAVAIL UNITAIRE

33, Rue de la Grange-aux-Belles, 33 — PARIS (X°)

De Saint-Etienne à Bourges

DISCOURS PRONONCÉS

PAR

CAZALS & MONMOUSSEAU

AU

Congrès Confédéral Extraordinaire de Bourges

(Novembre 1923)

PRIX : 1 franc

MAISON DES SYNDICATS

33, Rue de la Grange-aux-Belles, 33

PARIS-X°

Discours de Cazals

AVANT LES CONGRES DE L'I. S. R.

ET DE L'INTERNATIONALE COMMUNISTE

Cazals. — Camarades, en abordant cette tribune, je n'ai pas la prétention d'essayer de faire triompher une thèse que je sais battue d'avance. Je suis venu à Bourges avec le désir d'exposer d'une façon détaillée un point de vue que j'ai adopté à une heure où j'ai eu le scrupule de ne pas parler de questions de tendances, parce que ce n'était pas le moment d'en parler. Je suis venu ici un peu par déférence pour les camarades de la majorité confédérale, pour ceux qui, à Saint-Etienne, malgré mon refus catégorique d'accepter le poste que l'on voulait me confier, ont tout de même insisté auprès de moi pour, avec Monmousseau, Marie Guillot et Richetta, entrer dans le Bureau confédéral dont on venait de définir, d'une façon précise, le programme qu'il avait le devoir d'appliquer.

On ne pourra pas dire que Cazals a empoisonné les réunions syndicales depuis le dernier Comité national confédéral. Cazals a gardé le silence pendant quatre mois. Il n'a pas prononcé un seul discours, il n'a pas écrit un seul article. Il attendait le Congrès de Bourges pour établir, d'une façon impartiale, quelle est la genèse exacte du désaccord qui s'est produit, non seulement au sein de la Commission exécutive, mais aussi — ce qui était plus grave pour la vie confédérale — au sein du Bureau confédéral lui-même.

Des amis du Parti communiste — car j'ai beaucoup d'amis dans le Parti communiste — m'ont posé quelques questions, ici, pendant le Congrès de Bourges. Ils m'ont dit : « Entre nous, dis que c'est un peu le tempérament de Monmousseau qui est à l'origine de votre désaccord ? »

Monmousseau sait, il me l'a avoué lui-même, qu'il n'a pas un tempérament bien commode ; mais vraiment, si c'était cela l'origine

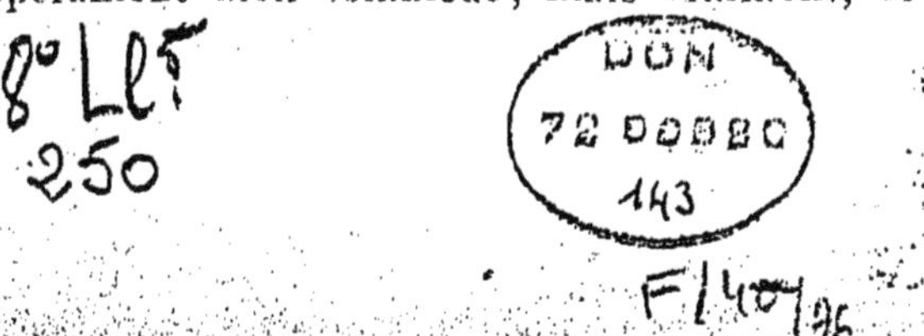

de notre désaccord, ce serait faire bon marché de la valeur que l'on peut attribuer à telle ou telle tendance.

Ces mêmes amis communistes ont ajouté : « Si ce n'est pas cela, c'est peut-être parce que tu en as assez d'être à la tête de la Confédération Générale du Travail et que tu veux à tout prix quitter un poste que tu avais accepté peut-être à contre-cœur devant l'insistance des camarades de la majorité de Saint-Etienne ? »

Ils ne sont pas allés plus loin, et je ne veux pas croire qu'ils aient pensé un seul instant que je pouvais quitter le Bureau confédéral parce qu'il pouvait y avoir en ce moment certaines responsabilités peut-être lourdes à prendre.

Mais si c'était cela l'origine de notre désaccord, ce serait pour moi faire bon marché, non pas cette fois de la valeur de telle ou telle tendance, mais du mouvement ouvrier dans son ensemble qui, au Congrès de Saint-Etienne, m'avait désigné comme secrétaire confédéral.

Non, camarades. Je le dis ici : j'ai vécu parfois des heures douloureuses au Bureau confédéral, mais je déclare que le désaccord a son origine ailleurs que dans la différence de tempérament qui existe entre Cazals et Monmousseau. Et je vais essayer, le plus rapidement possible, d'indiquer où est véritablement le désaccord, et quand ce désaccord a commencé à surgir entre deux membres du Bureau confédéral et Cazals.

Je réponds d'abord, au début de cet exposé, à un argument qui a été brandi dans pas mal d'assemblées syndicales à la veille du Congrès de Bourges, argument qui a été apporté par mon camarade et ami Raynaud dans l'assemblée de mon syndicat, où j'ai été battu. Il consistait à dire aux auditeurs, aux camarades venus cette fois en assez grand nombre à l'assemblée syndicale : Si vous êtes réunis aujourd'hui pour discuter de nouveau des questions de tendances; si les réunions sont empoisonnées toujours par des querelles personnelles; si la C. G. T. U., si vos syndicats sont incapables de s'occuper de vos intérêts corporatifs; si la C. G. T. U. est impuissante à l'heure actuelle, si elle est incapable d'aller à une action véritable, effective, ne cherchez pas les responsables : ce sont ceux qui sont dans la minorité des G. S. R. et qui, à un moment où ils n'avaient pas le droit de le faire, ont soulevé partout, aux quatre coins du pays, des questions de tendances.

Ah! camarade Raynaud, ce n'est pas la première fois qu'on nous apporte un pareil argument. On nous l'a apporté dans l'ancienne, dans la vieille C. G. T. qui était à la remorque, elle, non pas d'un parti, mais des gouvernants bourgeois de ce pays. Te rappelles-tu,

Tommasi ? Lorsque dans les Comités nationaux confédéraux, avec ta Fédération de la Voiture toute seule, et nous, délégués de province, avec quatre ou cinq Unions départementales minoritaires éparpillées à travers le pays ; lorsque, à quatre ou cinq, pas plus, nous essayions de faire comprendre aux autres secrétaires d'Unions départementales et de Fédérations qu'il fallait réagir dans les Comités nationaux pour tenter de redresser le syndicalisme de ce pays, les Jouhaux, les Dumoulin, les Merrheim nous disaient : Dans tous les Comités nationaux vous venez, non pas pour y travailler, non pas pour y collaborer avec la majorité dans le but de dresser des plans d'action et d'essayer ensuite de les appliquer, mais vous y venez toujours et toujours pour critiquer et rien que pour critiquer.

Cet argument nous était fourni hier. On nous l'apporte encore aujourd'hui, comme si c'était par plaisir que nous soulevons des questions de tendances. Et ce qui m'a peiné le plus profondément, ce qui m'a troublé, moi qui suis venu à Bourges pour y défendre le maintien de la C. G. T. U. à l'I. S. R., ç'a été le message adressé à ce Congrès par l'Internationale Syndicale Rouge, message dans lequel nous sommes taxés, nous, G. S. R., en même temps que nos camarades du Bâtiment, de contre-révolutionnaires et de petits-bourgeois, parce que, pendant que la révolution allemande est en gestation, nous nous occupons de questions de tendances, nous essayons, sur le terrain des idées, de défendre et de faire prévaloir un point de vue qui n'est pas celui de la majorité confédérale. Cela m'a profondément peiné personnellement ; cela m'a troublé, et je ne peux pas accepter, moi, que l'on puisse ainsi jeter la suspicion sur certains camarades parce qu'ils ne pensent pas comme d'autres camarades. (Applaudissements sur les bancs de la minorité.)

Un Délégué minoritaire. — Il faudrait savoir s'il vient de Moscou ou de Paris, ce message !

Cazals. — Je ne veux pas savoir s'il vient de Moscou ou s'il a été fait à Paris...

Un Délégué. — Ou à Bourges !

Cazals. — ...mais je proteste contre le caractère de ce manifeste ; et tout à l'heure, malgré cette protestation, je demanderai à mes amis de rester quand même à l'Internationale Syndicale Rouge.

Un Délégué minoritaire. — Hier, le Bâtiment a été traité de traître. Demain ce sera votre tour. A ce moment vous demanderez d'en sortir.

Un Délégué. — Proteste aussi contre l'A. I. T. !

Cazals. — Le manifeste de l'A. I. T. ne m'intéresse pas ; je suis adhérent à l'Internationale Syndicale Rouge et ce sont les manifestes de l'I. S. R. qui m'intéressent ; et quand, dans un manifeste adressé par cette Internationale, nous sommes, mes amis et moi, traités de petits-bourgeois et de contre-révolutionnaires, je dis que ce n'est pas une méthode qui puisse avoir d'heureux résultats pour le maintien de l'unité syndicale à laquelle je suis attaché profondément. (Applaudissements sur les bancs de la minorité.)

A Saint-Etienne, nous étions complètement d'accord au Bureau confédéral et à la Commission exécutive ; nous avions accepté une motion amendée préalablement par le camarade Costel, je pense, et c'est sur cette motion que le Congrès de Saint-Etienne avait déterminé sa majorité. Cette motion affirmait ce que beaucoup de camarades semblent affirmer aujourd'hui à cette tribune : que le syndicalisme est une force révolutionnaire. Elle affirmait, cette motion, que le syndicalisme ne pouvait être, en aucune façon, influencé par des groupements extérieurs — je ne dis pas par des adhérents de groupements extérieurs. La motion acceptait l'aide de toutes les forces révolutionnaires, dans certaines circonstances et pour des buts déterminés, en vue de la constitution des Comités d'action. Elle affirmait ensuite que le syndicalisme de ce pays ne pouvait vivre et se développer qu'à la condition qu'il conserve, non pas seulement nationalement, mais aussi internationalement, son autonomie et son indépendance. La motion amendée disait que la C. G. T. U. ne pouvait pas, avant le Congrès de l'I. S. R., sans connaître les décisions qui y seraient prises, adhérer immédiatement à l'I. S. R. Le Congrès de Saint-Etienne précisait : la C. G. T. U. n'entrera à l'I. S. R. qu'une fois qu'elle aura l'assurance que son autonomie sera sauvegardée nationalement et internationalement. Et on ajoutait : Si cette garantie n'est pas donnée par le Congrès de l'I. S. R., la délégation reviendra en France et soumettra de nouveau la question devant une nouvelle assemblée des syndicats français.

Eh bien, camarades, nous sommes d'accord à ce moment-là ; nous le serons encore quelque temps. Nous le serons tant qu'à mon sens nous resterons fidèles et dans l'esprit et dans la lettre à la motion votée à Saint-Etienne. Et lorsque le Comité de défense syndicaliste, après Saint-Etienne, sans connaître la position qui sera prise par la C. E. et le Bureau confédéral, critique trop sévèrement le Bureau confédéral ; lorsque, avant de savoir de quoi la majorité est capable dans le respect ou la violation de sa motion de Saint-Etienne, le Comité de défense syndicaliste adresse des critiques acerbes, sévères et injustifiées au Bureau confédéral et à la C. E., nous sommes unanimement d'accord au Bureau confédéral et à la C. E. pour nous éle-

ver contre le Comité de défense syndicaliste et déclarer que le Congrès
de Saint-Etienne nous a donné un mandat précis que nous sommes
prêts à respecter coûte que coûte.

Nous faisons une déclaration d'indépendance du syndicalisme
français. Nous précisons que si cette indépendance ne nous est pas
garantie par le deuxième Congrès de l'I. S. R., nous reviendrons en
France pour remettre la question sur le tapis. Nous sommes tous
d'accord pour signer une telle déclaration.

Un peu plus tard, à la veille même du Congrès de l'I. S. R.,
nous nous trouvons encore unanimement d'accord au Bureau confédéral et à la C. E.

Broutchoux, tout à l'heure, a donné lecture, non pas de la motion de Saint-Etienne, mais d'un passage d'un long rapport rédigé
par Monmousseau lui-même, accepté par l'unanimité de la C. E.,
rapport dans lequel on précisait avec force détails le devoir de la
C. E. dans l'application intégrale de la motion de Saint-Etienne. Je
ne veux pas vous relire en entier le passage lu par Broutchoux, mais
vous me permettrez d'en rappeler un ou deux alinéas qui concernent
un secrétaire confédéral que je connais bien.

On dit dans un alinéa :

*La C. E. peut affirmer, sans crainte d'être démentie, que la grosse majo-
rité des militants syndicalistes appartenant ou non au Parti communiste sont
réfractaires à toute politique qui tendrait à mettre les syndicats en tutelle,
à les influencer de l'extérieur dans leur action, en imposant aux secrétaires
responsables des organisations syndicales des mots d'ordre d'un parti. Elle
peut également affirmer que la grosse majorité des militants syndicalistes
appartenant au Parti communiste sont prêts à enfreindre la discipline de leur
parti si cette discipline les mettait en contradiction avec le mandat qu'ils
reçoivent de leur syndicat.*

Je connais un secrétaire confédéral, adhérent à ce moment-là au
Parti communiste, qui a été à un moment donné troublé et hésitant
devant l'application de ces précisions données par Monmousseau lui-
même à la motion de Saint-Etienne.

J'étais le seul secrétaire confédéral adhérent au Parti ; et je
croyais qu'un peu plus tard je pouvais espérer ne pas être seul, au
Bureau de la C. G. T. U., à me dresser contre une certaine politique
qui, à mon sens, est un danger grave pour l'organisation syndicale.
Je reprendrai ce texte tout à l'heure pour expliquer les raisons de
mon attitude.

Je dois dire que, du Congrès de Saint-Etienne au Congrès de
l'I. S. R. inclus, nous avons continué d'être d'accord au Bureau

confédéral et à la C. E., d'accord avec Monmousseau, d'accord avec lui sur la façon d'interpréter la politique, que je qualifierai de sage, que le Parti communiste se devait de conserver vis-à-vis de la Confédération Générale du Travail « Unitaire ».

Quelque temps avant le Congrès de l'I. S. R. et avant le Congrès de l'Internationale communiste qui se tenaient à peu près en même temps, nous avons eu au Bureau la visite d'un membre influent du Parti communiste. (Ah! Ah!). Nous avons eu cette visite, non pas à ce moment-là pour nous apporter un mot d'ordre, mais une visite tout à fait amicale à l'effet de converser sur la nouvelle politique du Parti communiste. C'était la première fois que, dans une résolution qui devait être présentée au Comité directeur du Parti communiste, on parlait de Commissions syndicales.

Nous avons lu la résolution avec Monmousseau. Avant la fin de la lecture, quand Monmousseau, en train de lire le passage où il était question des Commissions syndicales, s'aperçut que le Parti communiste voulait désormais cette fois — il n'avait pas osé le faire à Tours ni à Marseille — il allait oser le faire au Congrès de Paris...

TOMMASI. — A Marseille, ça y était!

CAZALS. — ...Non, à Marseille on en a parlé, mais il n'y a eu aucune résolution spécifiant d'une façon précise comment les Commissions syndicales seraient constituées et fonctionneraient; tandis que cette fois les Commissions syndicales étaient consignées d'une façon précise sur le papier, et ce papier, rédigé je crois par notre ami Tommasi et son collègue Rosmer, devait être présenté au Comité directeur. Contre ce papier, ce n'est pas seulement Cazals qui s'est dressé, c'est Monmousseau lui-même...

TOMMASI. — Et Frossard aussi!

CAZALS. — Il s'est dressé violemment, plus violemment que Cazals, puisque c'est son habitude de se dresser assez violemment.

TOMMASI. — Et moins violemment que Frossard.

CAZALS. — Il s'est dressé contre le papier que le camarade du Parti apportait et je me rappelle qu'il a eu cette exclamation qui a conservé toute sa valeur : Si vous faites cela, c'est la guerre entre la C. G. T. U. et le Parti communiste! (Ah! Ah!)

J'ai applaudi Monmousseau, je n'ai pas applaudi Tommasi.

A ce moment-là, je pouvais croire que l'accord allait continuer; j'avais toutes raisons de croire que, devant l'attitude de Monmousseau qui était la mienne en même temps, nous continuerions à être d'accord par la suite au sein du Bureau confédéral et de la C. E., quelle que soit la politique syndicale inaugurée par le Parti communiste. (Très bien !)

Le Congrès de l'I. S. R. se tient. J'ai pleine confiance en la délégation qui est partie à Moscou. Il y a des communistes dans cette délégation.

WERTH. — Pas beaucoup !

CAZALS. — Seul Broutchoux, je le rappelle, a fait des réserves sur certains camarades désignés parce qu'ils étaient membres du Parti communiste. Moi, membre du Parti communiste, je ne faisais pas de réserves. Il y avait des résolutions précises, il y avait le rapport rédigé par Monmousseau lui-même, accepté par toute la C. E. ; et j'avais pleine confiance en la délégation partie à l'I. S. R. ; cette confiance, je l'ai gardée même au Bureau confédéral parfois tout seul, alors que certains autres camarades, déjà, commençaient à se défier quelque peu ou de Monmousseau ou des autres camarades du Parti qui, membres de la C. E., avaient été délégués à Moscou, au Congrès de l'I. S. R.

Au retour de la délégation, nous faisons, encore une fois, à l'unanimité de la C. E., confiance à la délégation qui revient et qui nous dit : Nous avons satisfaction sur les conditions proposées par la C. G. T. U. à l'I. S. R. Unanimement, nous approuvons le mandat rempli par cette délégation. Il n'y a que notre ami Broutchoux qui fait une petite réserve sur la constitution, avant le retour de la délégation, d'un Comité d'action entre l'I. S. R. et l'Internationale communiste.

Ainsi donc, vous voyez, camarades, que nous étions, à ce moment-là, tous d'accord.

NOTRE DESACCORD AU BUREAU CONFEDERAL

ET A LA COMMISSION EXECUTIVE

C'est ici que commencent les premières divergences de vues au sein du Bureau confédéral et de la C. E., divergences de vues qui proviennent, sans nul doute, non pas des conditions d'adhésion de la C. G. T. U. à l'I. S. R., mais d'une politique syndicale que le Parti communiste vient instaurer et qui, peut-être, lui a été imposée par le quatrième Congrès de l'Internationale communiste.

TOMMASI. — Par son Congrès de Marseille !

CAZALS. — Mais de Marseille à Paris, qu'est-ce que vous avez donc attendu pour mettre vos Commissions syndicales en fonction ? Nous ne serions peut-être pas réunis en Congrès en ce moment. Nous aurions probablement dit depuis longtemps ce que nous disons seulement aujourd'hui. C'est un regret que je peux formuler pour la Confédération Générale du Travail Unitaire que le Parti ait tant tardé à mettre en application des résolutions qu'il avait adoptées dans un de ses Congrès.

Lafforgue. — L'adhésion de la C. G. T. U. à l'I. S. R. n'était pas faite à ce moment-là !

Werth. — Et Frossard était à la tête du Parti !

Cazals. — J'indique donc que c'est à ce moment-là que des divergences de vues se produisent au sein du Bureau confédéral.

A ce moment-là, aussi, nous sommes en train de constituer un Comité d'action avec le Parti communiste. La Conférence des gouvernements alliés va se réunir dans quelques jours. On parle d'une occupation éventuelle de la Ruhr. Nous décidons de former contre l'occupation de la Ruhr un Comité d'action entre le Parti communiste et la C. G. T. U., l'Union anarchiste n'ayant pas répondu à nos convocations.

Lecoin. — Veux-tu dire pourquoi ?

Cazals. — Il est vrai — et Lecoin a raison de me le faire souligner — que deux convocations adressées pour la première réunion du Comité d'action à l'Union anarchiste ne sont pas parvenues à destination, la dactylo de la C. G. T. U. ayant, paraît-il, fait une erreur d'adresse.

J'avais conscience alors de la gravité de la situation, et les appréhensions que je pouvais avoir devant l'attitude nouvelle du Parti communiste vis-à-vis de la C. G. T. U., je ne les ai pas fait connaître publiquement. C'est à Monmousseau tout seul, et à Marie Guillot, que j'en ai fait part ; c'est au Bureau confédéral seulement que j'ai essayé de faire comprendre pour quelles raisons je pouvais, à ce moment, penser que le Parti communiste était en train, à mon sens, d'inaugurer une nouvelle politique syndicale que je ne pouvais pas, moi, membre du Parti, accepter.

C'est alors que se produit le petit incident de notre arrestation. A la Santé, dans la cellule de Monmousseau ou dans la mienne, je lui fais part à nouveau de mes appréhensions. En ce qui concerne cette politique du Parti, je dis à Monmousseau : Si ce que je pense est vrai — et je voudrais me tromper — je serai obligé de démissionner du Parti communiste.

A partir de ce moment-là, nous avons eu avec Monmousseau, tous les jours, de violentes discussions. Je lui explique, sans le rendre public, le trouble qui s'empare de moi, je l'explique à mes amis de la C. E., à la Santé comme moi, et je l'explique aussi à mes camarades du Parti également emprisonnés. Je ne fais pas beaucoup de bruit, non pas parce que je n'ai pas le courage de me déterminer, mais parce que, au moment où communistes et syndicalistes sont à la Santé pour avoir essayé de se dresser contre l'occupation de la Ruhr, je ne crois pas avoir le droit de créer, parmi les inculpés, des dissensions au moment, justement, où Jousselin va commencer son instruction. (Très bien !) Je ne rends pas publique ma détermination de quitter le Parti. Autre raison pour laquelle je ne la rends pas publique : c'est que, ayant à ce moment-là des sympathies profondes pour le Parti, je ne veux pas, en démissionnant publiquement, que l'on puisse dire que je sers les desseins et les intérêts d'un autre groupement politique qui se forme à côté du Parti communiste. Je ne veux pas que l'on puisse m'adresser un tel reproche et c'est là une des raisons pour lesquelles ma démission reste pendant des mois connue seulement des militants qui sont avec moi à la Santé.

ENTRE DEUX POLITIQUES, DEUX MANDATS,
DEUX DISCIPLINES

Vous comprendrez pourquoi je prends alors l'attitude que je viens d'expliquer. C'est tout le problème pour lequel nous sommes réunis aujourd'hui. Je sens à ce moment-là qu'il y a une contradiction flagrante pour moi, membre du Parti, entre le désir d'obéir à la discipline du Parti et l'autre désir — qui n'est pas seulement un désir, mais qui est surtout un devoir pour un secrétaire confédéral — d'appliquer et de respecter le mandat qui m'a été donné par le Congrès de Saint-Etienne. (Applaudissements sur les bancs de la minorité.)

Je sens alors toute la différence qui peut et qui doit exister entre la discipline dans un parti et la discipline dans une organisation syndicale. Je dis que, si dans un parti il faut qu'il y ait une discipline rigide, sévère, rigoureuse, une discipline de fer comme vous dites, je sens — et les exemples l'ont prouvé jusqu'à présent — que cette même discipline, transportée dans les syndicats avec la même rigidité, doit avoir pour l'organisation syndicale les effets les plus désastreux. (Applaudissements sur les bancs de la minorité.)

Je sens aussi, Tommasi, que je suis pris entre deux politiques : la politique communiste sur le terrain syndical, et la politique confédérale qui a été déterminée à Saint-Etienne par le Congrès souverain. Je sens que, secrétaire confédéral, je dois, avant tout, quoiqu'étant membre du Parti communiste, respecter une motion que je n'ai pas votée simplement pour avoir une majorité, mais que j'ai votée parce qu'elle cadrait et qu'elle cadre encore avec mon point de vue syndicaliste (Très bien !), une motion qui dit précisément qu'aucune influence extérieure ne pourra s'exercer sur le mouvement syndical, tant dans son action nationale que dans son action internationale.

C'est là que se place justement la précision apportée par Monmousseau lui-même dans le rapport qui devait servir de base de discussion à la délégation partie à Moscou pour représenter la C.G.T.U. au Congrès de l'I. S. R. C'est là que se place cette précision, et c'est justement parce que je veux en tenir compte que je vous ai lu tout à l'heure ce passage :

La C. E. peut également affirmer que la grosse majorité des syndicalistes appartenant au Parti communiste sont prêts à enfreindre la discipline du Parti si cette discipline les mettait en contradiction avec le mandat qu'ils reçoivent de leurs organisations syndicales.

Personnellement, je n'avais pas un tout petit mandat ; sans me jeter des fleurs, j'avais un mandat qui, tout de même, avait une certaine importance dans une organisation syndicale ; un mandat de secrétaire confédéral ; et puisque la motion dit que l'on ne peut pas accepter qu'un secrétaire d'organisation, un secrétaire de syndicat, puisse recevoir un mot d'ordre du Parti en contradiction avec les décisions prises dans ce syndicat, à plus forte raison peut-on encore moins accepter un mot d'ordre du Parti en contradiction formelle avec une motion qu'un secrétaire confédéral est tenu d'appliquer. Ce mot d'ordre, je ne peux pas l'appliquer, et je suis obligé de choisir. J'ai choisi, camarades communistes ; j'ai préféré — oh ! non pas mon fauteuil de secrétaire confédéral — mais la discipline syndicale à la discipline que voulait m'imposer le Parti. (Applaudissements.)

C'est ainsi, camarades, que j'ai quitté le Parti, tout simplement. A ce moment-là, Monmousseau me disait, à la Santé : Si tu quittes le Parti, j'y entre ! (Rires.) Il n'y est pas entré.

Un Délégué. — Mais c'est la même chose.

Cazals. — Je ne veux pas savoir si c'est la même chose.

Tommasi. — C'est pire.

CAZALS. — Je sais qu'il n'y est pas entré, et ce n'est pas moi qui l'engagerai à y entrer.

TOMMASI. — Tu le suivras de près quand il y viendra.

CAZALS. — Depuis, on ne pourra pas me reprocher d'avoir attaqué le Parti à chaque instant et profité de la moindre occasion pour me dresser contre lui. Je ne l'ai pas fait, encore une fois, pour ne pas créer la division entre les inculpés du « Complot » et parce que, si j'avais à attaquer le Parti, je pouvais attendre d'être en liberté et d'avoir les bras plus libres, et la plume également, pour me dresser contre lui lorsque l'occasion s'en présenterait.

L'occasion de Bourges se présente, non pas encore pour me dresser contre le Parti en tant que parti, mais pour me dresser contre certaine politique qui, pour moi, ne peut pas permettre le développement du syndicalisme, de ce syndicalisme que vous voulez qualifier, vous, camarades communistes, de syndicalisme de masse.

NOUS SOMMES PARTISANS DES COMITES D'ACTION

En dehors de cette question qui découle tout naturellement des décisions prises par votre Parti et par votre Internationale communiste, d'autres divergences de vues se produisent à la Santé, au sein du Bureau confédéral et de la Commission exécutive.

On a parlé des Comités d'action. Nous sommes partisans, aujourd'hui encore, des Comités d'action ; mais nous ne pouvons admettre, lorsqu'un Comité d'action se constitue, que la C. G. T. U. fasse figure de parent pauvre dans ce Comité. Nous n'admettons pas surtout que dans la constitution de Comités d'action on puisse reprocher à la C. G. T. U., en tant qu'organisation, d'avoir une préférence pour tel ou tel parti. Lorsque, à Saint-Etienne, le principe des Comités d'action a été admis, on ne parlait pas de créer des Comités d'action avec le Parti communiste, mais avec tous les groupements extérieurs se réclamant de la lutte de classe. Ce n'est pas seulement pour obtenir l'adhésion de l'Union anarchiste au Comité d'action, mais surtout pour démontrer au pays syndicaliste que l'autonomie syndicale ne pouvait pas être en danger, que nous voulions que dans ces Comités puissent venir tous les groupements extérieurs se réclamant de la lutte de classe et que nous avons réclamé l'extension du Comité d'action à la suite des demandes d'adhésion de l'Union anarchiste et de l'Association Républicaine des Anciens Combattants.

Nous nous sommes alors trouvés en désaccord, à la Santé, surtout avec Monmousseau et Semard, qui, avec plus de violence que les membres du Parti communiste lui-même, ne voulaient pas accepter qu'entrent dans le Comité d'action d'autres organisations se réclamant de la lutte de classe, sous prétexte que c'était seulement le premier Comité d'action qui était allé à Essen et qui devait continuer, lui seul, l'action décidée.

Nous n'étions pas d'accord. On a cru pouvoir me dire à ce moment-là que ce n'était pas seulement pour obtenir l'adhésion de l'Union anarchiste et de l'A. R. A. C. que je faisais la proposition d'extension du Comité d'action, mais que c'était aussi pour faire entrer dans ce Comité le Parti communiste unitaire. Eh bien! non, camarades, ce n'était pas pour cela, et c'est moi-même qui, dans une réunion, non pas seulement de la C. E., mais du Comité d'action, tenue à la Santé, ai dit : La question du Parti communiste unitaire ne se pose pas, ce parti n'étant pas encore officiellement constitué par un Congrès régulier. Mais la question se posait pour l'Union anarchiste et l'A. R. A. C. qui n'était pas, à ce moment-là, je ne dis pas dans les bras du Parti communiste, mais qui n'était pas en majorité communiste. C'est peut-être pour cela qu'on faisait une objection. Dans tous les cas, en ce qui concerne l'Union anarchiste, Monmousseau et Semard ne voulaient rien savoir. Ils ne voulaient pas de l'extension du Comité d'action. Ils n'en voulaient même pas lorsque le Comité national confédéral s'était, lui, prononcé pour cette extension. (Exclamations et rires.)

Nous ne pouvions pas, malgré tout notre désir de conserver l'accord au sein de la Commission exécutive et du Bureau confédéral, accepter que l'on n'applique pas les résolutions votées par les Comités nationaux confédéraux.

Pour être précis et impartial, je dois dire qu'après avoir jeté l'exclusive sur l'Union anarchiste à propos du manifeste publié par elle et contre lequel moi-même je me suis élevé, on s'est enfin mis d'accord, après une longue discussion, pour accepter l'Union anarchiste au sein du Comité d'action. Mais, probablement pour bien marquer que l'on voulait, coûte que coûte, avoir raison de l'autre côté du Bureau confédéral, malgré que le Comité national confédéral ait voté une résolution demandant l'extension du Comité déjà formé, on fit adopter par la C. E. une résolution, que nous n'avons pas adoptée, nous, par laquelle on n' « étendait » pas le Comité d'action, mais on le « reconstituait ».

Camarades, tout à l'heure on a prononcé le nom d'un homme qui a été quelqu'un dans le Parti communiste, un homme avec qui j'ai été lié au cours de dix années de lutte dans la région de Belfort et du Doubs. On a prononcé ce nom et on a ajouté : c'est ton ami.

Oui, camarades.

Tommasi. — Nous ne te le reprochons pas.

Cazals. — J'espère bien qu'on ne peut pas me faire un reproche d'avoir été l'ami, pendant dix ans, d'un homme avec qui j'ai lutté, soit au Parti socialiste d'alors, soit dans les organisations syndicales. Mais ce n'est pas à ce reproche que je veux répondre. C'est à un autre reproche que je n'accepte pas : celui, paraît-il, d'avoir quitté le Parti communiste et d'avoir pris, au sein du Bureau confédéral, l'attitude que vous connaissez, parce que je me serais laissé noyauter par Frossard.

Eh bien, camarades, quand on peut se laisser noyauter par quelqu'un, par une personnalité quelconque, on n'a pas le droit de rester une seule minute à la tête d'un organisme comme celui de la C.G.T. Unitaire. (Bravo !) J'avoue, camarades, que dans ma cellule, à la Santé, il est venu pas mal de visiteurs, il en est venu de toutes les couleurs de l'arc-en-ciel politique. Il n'y a pas que Frossard qui y soit venu ; il n'y a pas que mon ami Dondicol ; tout le monde y venait, et je ne fermais pas la porte de ma cellule, moi, quand j'étais en conversation avec quelqu'un, que ce soit Frossard, Dondicol ou une autre personnalité. (Applaudissements sur les bancs de la minorité.)

La première fois que Frossard est venu dans ma cellule et qu'il a essayé de me parler de l'attitude que je pouvais avoir à la tête de la C. G. T. U., je lui ai dit : Tu n'es pas qualifié pour me donner des conseils ; je les ai acceptés pendant dix ans, tes conseils, mais quand, après avoir quitté le Parti communiste, on s'entoure de certaines personnalités, dont quelques-unes ne sont guère recommandables, pour former un autre parti, non pas dans l'espoir d'avoir une organisation derrière soi, mais dans l'espoir d'entraver le recrutement du parti que tu quittes — et que tu peux quitter, comme je le quitte moi-même — à ce moment-là je ne peux plus accepter tes conseils. (Applaudissements.)

LE DANGER DES COMMISSIONS SYNDICALES DU P. C.

Croyez bien, camarades, que ce n'est pas Frossard qui a dicté mon attitude. C'est ma conscience de militant, et elle seule. Je voudrais me tromper dans l'attitude que je prends. Je souhaite que vous ayiez raison, vous, membres du Parti communiste. Mais tout de même, si je formule ce souhait, vous pourriez, vous aussi, prendre l'engagement, si l'expérience que vous avez commencée et que vous voulez conduire jusqu'au bout, au lieu d'aboutir à la constitution dans ce pays du syndicalisme de masse dont vous parlez tant, continue à semer la division dans l'organisation syndicale et à introduire dans cette organisation des germes de désagrégation, vous pourriez, dis-je, prendre l'engagement de renoncer, avant qu'il ne soit trop tard, à la politique dangereuse que vous venez d'inaugurer. (Applaudissements.)

Je vais écourter mon exposé. Je ne vous dis pas que je finis, mais je vais écourter.

J'ai oublié de dire, au début de mon discours, que j'accepte intégralement, pour ma part, l'intervention qu'a faite notre camarade Marie Guillot au début de ce débat. J'accepte aussi dans son intégralité, et je fais mienne, l'intervention de notre camarade Matton. Totti, également, a exposé d'une façon précise quelle était la valeur qu'il fallait accorder au mouvement syndical et la place que le syndicalisme devait avoir dans le mouvement révolutionnaire.

J'aurais voulu m'expliquer à ce sujet. J'aurais voulu, moi aussi, dire que nous ne pouvons pas concevoir un syndicalisme qui serait un agglomérat des partis politiques et des sectes gravitant autour de la C. G. T. (Très bien !) Nous ne pouvons pas concevoir cela. Où mettriez-vous la tendance qui n'est pas dans un parti politique ? Elle existe au syndicat : elle est, plus que les autres tendances, l'expression directe des producteurs de l'usine ou du bureau, et j'accorde, moi, en dehors des divergences que je peux avoir avec nos camarades du Bâtiment qui sont venus exposer leur tendance, j'accorde une grande valeur révolutionnaire à cette tendance qui est à l'écart de tout parti politique ou de toute secte.

Ne voulant pas refaire ici, moins éloquemment que ne l'a fait certainement notre camarade Totti, un exposé sur les principes qui doivent être à la base du syndicalisme qui peut être un syndicalisme de masse, je vais continuer à examiner comment notre désaccord, superficiel d'abord, lors de notre emprisonnement, s'est creusé ensuite, justement devant la mise en application des décisions de votre Congrès — non pas de Paris, camarades communistes — mais de votre Congrès de l'Internationale communiste.

Le désaccord est dans la définition exacte qu'il est nécessaire de donner à ce qu'on appelle, depuis que le mouvement existe, « l'autonomie syndicale ».

Ah ! l'autonomie syndicale, l'indépendance du mouvement ouvrier, inscrites dans la Charte d'Amiens, ont été reprises dans la motion de Saint-Etienne ! Mais nous disons qu'à la question : Es-tu oui ou non pour l'autonomie syndicale ? Il ne suffit plus aujourd'hui de répondre « oui » pour croire que celui qui répond « oui » est véritablement pour l'autonomie réelle et non de façade du syndicalisme français. Et nous sommes ainsi amenés, d'une part, à préciser ce que nous entendons par « autonomie syndicale », précision où notre désaccord, d'abord superficiel, devient de plus en plus profond; d'autre part, à parler des Commissions syndicales du Parti communiste.

Les Commissions syndicales du Parti, cheval de bataille pour la minorité confédérale? Occasion nouvelle de se dresser contre la majorité? Vraiment, vous n'êtes pas sérieux quand vous nous apportez cet argument-là. Ce n'est pas sérieux non plus, lorsque l'Internationale Syndicale Rouge essaie de faire croire, elle aussi, que nous avons enfourché les Commissions syndicales comme cheval de bataille.

Les Commissions syndicales, ce n'est pas d'aujourd'hui que je les ai condamnées. Je les ai condamnées avant qu'elles n'existent, avant qu'elles n'entrent en fonction d'une façon officielle.

J'ai rappelé tout à l'heure l'entrevue d'un camarade du Parti avec Moumousseau et Cazals.

Déjà, à ce moment-là, nous avions condamné les Commissions syndicales et Frossard n'en avait pas encore parlé; on ne peut pas dire donc que nous avons attendu les conseils de Frossard pour condamner la politique syndicale actuelle du Parti communiste.

Des camarades sont venus dire ici que les Commissions syndicales voulaient subordonner le mouvement syndical. Je ne sais pas, moi, j'ai encore un certain doute. Il se peut que les Commissions syndicales ne soient pas faites pour subordonner directement le mouvement syndical français. Mais ce qui me fait peur, c'est que ces Commissions syndicales, avec les divisions qu'elles introduisent dans le mouvement ouvrier, n'arrivent peut-être dans quelque temps, sans même le vouloir, je vous l'accorde, à subordonner nos syndicats.

Ah! on a fait état des déclarations que Frossard faisait à Saint-Etienne : « La C. G. T. U., mouvement syndical fort, puissant, à effectifs nombreux, ne peut pas être subordonnée; on ne subordonne que des organisations faibles! »

J'ai bien peur que toutes les divisions que vous allez introduire consciemment ou inconsciemment dans l'organisation syndicale mettent celle-ci dans un état de faiblesse tel que cette organisation ne puisse pas demain résister aux tentatives de subordination qui pourraient s'exercer sur elle.

C'est pour cela que les Commissions syndicales me font peur et que je me suis dressé contre elles. Il ne faudrait pas qu'il y ait d'équivoque. Lorsque pour la première fois nous avons parlé des Commissions syndicales, on a prétendu que nous voulions empêcher les tendances de s'organiser au sein de la C. G. T. U., que nous voulions empêcher la pénétration des idées communistes au sein de nos syndicats, que nous voulions brimer une certaine catégorie de syndiqués.

Ce n'est pas notre but, et il n'est pas dans notre intention non plus de nous immiscer dans la vie intérieure des groupements extérieurs ; nous n'avons pas le droit de voter une résolution dans laquelle nous dirons que nous sommes contre les Commissions syndicales et de l'envoyer ensuite au Parti en le priant ou en le sommant de mettre ses Commissions syndicales de côté.

TOMMASI. — Ce serait de la subordination !

CAZALS. — Je ne veux pas subordonner le Parti à la C.G.T.U. ! Mais je dis que si le Parti a le droit de faire ce qu'il veut chez lui, de constituer des Commissions syndicales partout, dans les quatre coins du pays — c'est Gourdeaux qui nous l'a promis — s'il a même le droit de considérer le mouvement ouvrier comme un simple accessoire de la machine révolutionnaire, s'il a le droit d'avoir sa conception propre sur le syndicalisme, nous avons, nous, dans notre C.G.T.U., le droit de dire ce que nous pensons sur les Commissions syndicales.

Nous l'avons dit, nous, minorité, ce que nous pensions ; nous aurions préféré que ce soit la C. G. T. U. qui le dise, en tant que C. G. T. U. Nous aurions préféré que ce soit elle et nous avions quelque espoir d'avoir avec nous dans une motion précise et complète des camarades comme Monmousseau, Dudilieux, Richetta et tant d'autres qui, dans des conversations particulières, nous disent : Mais nous sommes contre les Commissions syndicales, nous aussi !

Et alors, camarades, si vous êtes contre les Commissions syndicales, pourquoi ne pas le dire publiquement dans une résolution ? On a peur de faire de la peine au Parti ? Je n'ai pas eu cette peur, moi, et je croyais que d'autres camarades qui me paraissaient placer le syndicalisme non seulement au même plan que le Parti communiste, mais au-dessus de tous les partis, seraient avec nous pour voter une motion dans laquelle, sans nous immiscer dans la vie des groupements extérieurs à la C. G. T. U., nous aurions pu donner un avertissement au Parti communiste.

On ne l'a pas voulu, camarades. Et pourtant qu'est-ce que les Commissions syndicales ? Tommasi pourrait peut-être nous en donner une définition...

TOMMASI. — Je veux bien !

CAZALS. — Je vais moi-même essayer de dire ce que je comprends par Commissions syndicales, d'après les résolutions adoptées par le Parti à ce sujet.

Une résolution est sortie, il y a quelque temps, dans laquelle le Parti a eu la franchise de dire : « Les Commissions syndicales formées par les syndiqués adhérents au Parti communiste sont des Commissions sous le contrôle direct du Comité directeur et du Bureau politique du Parti. »

Lorsque les Commissions syndicales ont fait l'objet d'une discussion dans le Parti, je me rappelle — j'étais encore membre du Parti à ce moment-là — c'était dans une séance de nuit qui s'est prolongée jusqu'au lendemain à midi. Je ne veux pas vous infliger l'obligation de rester vous-mêmes jusqu'à demain midi pour en discuter, mais il est probable que Monmousseau, avec les deux heures qui lui sont dévolues, ne pourra pas dire tout ce qu'il y a à dire à ce sujet. En tout cas, nous devons être disposés les uns et les autres à entendre et les secrétaires confédéraux officiels et les secrétaires confédéraux officieux. (Applaudissements sur les bancs de la minorité.)

Les Commissions syndicales sont composées uniquement de membres du Parti acceptant les principes généraux qui sont à la base du Parti ; elles ne peuvent pas être considérées comme une tendance du syndicalisme puisqu'il n'y a que les communistes membres du Parti qui les composent. Or, il est d'autres camarades qui ne sont pas du Parti mais qui n'en sont pas moins communistes et qui auraient le droit d'être de cette tendance si les Commissions syndicales composées exclusivement de membres du Parti placés sous le contrôle des Bureaux de vos Fédérations départementales et, partant, du Comité directeur et du Bureau politique du Parti, ne sont pas une tendance syndicale dans la C. G. T. U., mais seulement des succursales du Parti communiste dans la C. G. T. U. (Applaudissements sur les bancs de la minorité.)

C'est là que nous considérons, nous, que l'autonomie syndicale est violée.

Pénétration des idées communistes ? Ah ! J'y ai contribué pour une bonne part à faire pénétrer, en tant qu'individualité, l'idée communiste dans les syndicats ; et demain, rentré dans le rang, je continuerai, toujours en tant qu'individualité, à faire la même besogne que je faisais hier dans mon organisation.

On ne peut pas se dépouiller de ses conceptions propres ; mais ne demandez pas que ce soit le Parti, en tant que Parti, qui pénètre la vie des syndicats. Laissez ce soin à vos adhérents à qui nous ne demanderons jamais d'oublier qu'ils sont communistes.

Au lendemain du Comité national où j'ai pris la position que l'on sait, j'ai eu une entrevue — je crois que j'ai le droit de le dire ici — avec un délégué de l'Exécutif de l'Internationale communiste pour savoir exactement, d'une façon précise, quel était le caractère réel de ces Commissions syndicales.

WERTH. — Tu étais d'accord avec nous.

CAZALS. — J'ai déclaré au délégué de l'Exécutif : Si vos Commissions syndicales sont constituées par le Parti pour éduquer vos membres syndiqués, nous sommes d'accord ; mais ne créez pas des Commissions syndicales dans le but de faire « travailler » les syndicats par des jeunes qui sont adhérents au Parti et au syndicat depuis peu de temps, et qui ne sont pas même communistes à l'heure actuelle, et dont vous voulez faire des dirigeants de syndicat et de fédération où de vieux militants luttent depuis vingt ou trente ans. (Applaudissements sur les bancs de la minorité.)

J'ai demandé cela, et c'est ici que je me sépare de la politique syndicale du Parti dans son ensemble. Je lui ai demandé : Mais comment voulez-vous que l'on puisse, en France, considérer et concevoir le mouvement syndical comme on l'a considéré et conçu dans d'autres pays? La situation, ici, n'est pas la même.

Et devant cette question, le délégué de l'Exécutif m'a répondu : La situation est la même partout.

Si la situation est la même partout, il y a donc lieu de craindre que le Parti communiste fasse dans ce pays ce qui a été fait ailleurs, c'est-à-dire qu'il essaye non pas seulement de faire bon ménage avec le mouvement syndical, mais de subordonner totalement le mouvement ouvrier français.

C'est là que je me suis séparé de la conception apportée par le délégué de l'Exécutif parce que je comprenais qu'en France on ne peut pas reléguer au magasin des accessoires le mouvement syndical qui doit être et qui est l'expression directe des travailleurs et considérer comme le seul moteur de la révolution le Parti communiste qui est à côté de nous.

Ce que je considère comme une erreur, Louzon, qui est de votre parti, l'a dénoncé, lui aussi, comme une erreur grave de tactique révolutionnaire. Et ce que dit Louzon, membre du Parti, n'avons-nous pas le droit de le dire, nous qui sommes dans le mouvement syndical et qui avons certaines responsabilités?

Nous avons essayé de le dire. Nous avons voulu le dire, non pas tout seuls, mais avec d'autres membres de la majorité confédérale. Nous n'avons pas été suivis. Tant pis pour nous, ou peut-être tant pis pour eux.

AUTONOMIE OU SUBORDINATION, IL FAUT CHOISIR !

Camarades, je veux résumer ce que je considère comme étant l'essentiel du débat qui s'est engagé ici. Avant de venir à Bourges, je pouvais peut-être douter, je pouvais peut-être hésiter à prendre une certaine détermination définitive. Mais l'expérience des Commissions syndicales, l'attitude des femmes communistes au sein de la Conférence syndicale féminine et le message de l'I. S. R., au lieu de me rapprocher de la politique syndicale du Parti, me la font fuir davantage. Je crois maintenant que tout le débat est là : ou autonomie syndicale réelle et indépendance absolue du syndicalisme, ou autonomie de façade et indépendance factice.

Mon choix est fait, et c'est parce que mon choix est fait que je donne totalement mon adhésion à la résolution Marie Guillot-Lartigue, considérant qu'en nous plaçant sur le véritable terrain de l'unité, nous ne pouvons pas nous retirer de l'I. S. R. Nous ne croyons pas que c'est en sortant d'une organisation que l'on peut réaliser l'unité que nous rêvons tous; et je ne me sépare pas de l'I. S. R., surtout parce que l'I. S. R., tout de même, dont le siège est à Moscou, est un peu la révolution russe à laquelle je veux rester fidèle malgré les fautes et les erreurs qu'elle a pu commettre. (Applaudissements.)

Entre ces deux conceptions — autonomie ou subordination avouée ou non — j'opte pour l'autonomie syndicale parce que sans l'autonomie le mouvement syndical n'existe plus. L'autonomie est sa raison d'être, c'est sa force, c'est la possibilité pour lui de s'étendre et de se développer. C'est parce que telle est notre pensée que nous voterons la motion Marie Guillot-Lartigue, qui est un motion d'apaisement et non pas une déclaration de guerre au Parti, nous nous en défendons bien. Elle est une motion qui précise ce que nous entendons par autonomie syndicale. Nous la voterons parce que nous n'avons pas dans la résolution Semard les garanties indispensables qui puissent nous assurer que demain le mouvement syndical ne sera pas entraîné à la remorque d'un parti politique.

Camarades qui allez voter la motion Semard, qui allez voter la résolution de la majorité confédérale, vous allez prendre de lourdes responsabilités.

Bouet, dans le Congrès de sa Fédération, quoique partisan des Commissions syndicales, a cependant apporté un argument qui compte contre ces commissions quand il a dit : Dans notre Fédération, nous ne constituerons pas de Commissions syndicales parce qu'elles crécraient inévitablement la division dans une Fédération qui est un exemple d'union et d'unité. (Exclamations.)

C'est la responsabilité de ces divisions que vous allez prendre en votant la résolution Semard et en donnant un encouragement à ceux qui ont créé ces Commissions syndicales et qui s'apprêtent à en constituer dans les quatre coins du pays, dans les coins les plus reculés de province. La responsabilité que vous voulez prendre, nous nous refusons à la prendre nous-mêmes dans l'intérêt du mouvement syndical français que nous voulons préserver de nouvelles divisions, dans l'intérêt de la révolution russe que nous aimons, à laquelle nous voulons rester fidèles et que nous sommes prêts à soutenir aujourd'hui comme hier. Nous ne la prendrons pas non plus, cette grave responsabilité, dans l'intérêt de la révolution allemande que vous disiez imminente et qui peut être, elle aussi, une étape essentielle et décisive du prolétariat international vers la révolution mondiale.

C'est parce que telle est notre conception que nous nous ferons un devoir, demain, dans la C. G. T. U., de montrer du doigt, de dénoncer, de stigmatiser comme il convient, tous les partisans, avoués ou non, de la subordination du mouvement syndical et que nous défendrons coûte que coûte l'autonomie syndicale qui doit respecter le principe essentiel à la base de l'organisation ouvrière.

CONTRE TOUTE SCISSION, POUR LE DESARMEMENT DES HAINES, VERS L'UNITE

Camarades, j'en ai fini; mais avant de quitter cette tribune, je m'en voudrais de ne pas parler de certains bruits qui ont couru, de certains articles qui ont été écrits, de certaines déclarations qui ont été faites au sujet d'une menace de scission qui planerait, paraît-il, sur le Congrès de Bourges.

On a peut-être mal interprété le geste de Marie Guillot et Cazals lorsque, au Comité national dernier, nous avons donné notre démission de secrétaires confédéraux. Nous la maintiendrons parce que nous sommes sûrs d'avance, le siège de cette assemblée étant déjà fait, que ce Congrès de Bourges ne nous donnera pas raison. Mais je déclare que quelle que soit l'issue du Congrès, quelle que soit la résolution qui sera adoptée, quelle que soit la conclusion apportée au débat sur le rapport moral et sur l'orientation syndicale, nous nous inclinerons parce que nous ne croyons pas qu'une nouvelle scission, que certains, peut-être, peuvent envisager d'un cœur léger, puisse nous conduire vers ce que nous désirons tous : l'unité, non pas seulement dans la C. G. T. U., mais l'Unité tout court par la fusion dans un seul

bloc de tous les groupements syndicalistes révolutionnaires se réclamant de la lutte de classe. Nous ne voulons pas que l'on puisse dire
que nous sommes, en quoi que ce soit, responsables de l'impossibilité
de faire l'unité dans ce pays. Nous restons dans la C. G. T. U. parce
que la C. G. T. U. est un morceau de l'unité ouvrière. Nous restons
chez elle en attendant que l'Unité tout court se réalise le plus rapidement possible, nationalement et internationalement.

Mais il ne faut plus désormais que les batailles de tendances restent demain, comme elles l'ont été hier, des batailles de personnalités.
Il ne faut plus que certains camarades traitent en suspicion ceux qui
ne pensent pas comme eux. Il ne faudra pas surtout que l'I. S. R.
renouvelle des manifestes ayant le même caractère que celui qui nous
a été envoyé ici. Et j'ose le dire aussi, en m'adressant aux représen-
tants de toutes les tendances, il faut que certains, avec leur tempérament, avec leur caractère et malgré leurs incontestables qualités de
militants, comprennent que l'intérêt de la classe ouvrière et la réalisation possible de l'unité leur commandent, oh! non pas de cesser leur
lutte dans la C. G. T. U., mais de quitter ou de ne pas accepter certains postes à la tête de l'organisation confédérale. Il ne faut pas que
la suspicion puisse continuer de régner en maîtresse dans la bataille
nécessaire des idées. De la haine, de la méchanceté! ayons-en, si vous
le voulez, non pas pour nos adversaires de tendance, mais pour nos
ennemis de classe! De la haine, de la méchanceté! nous n'en aurons
pas de trop le jour où, malgré nos divergences de vues, nous serons
enfin capables, en un front uni, d'engager la grande bataille décisive
et de régler définitivement nos comptes avec la bourgeoisie, notre seul
ennemi. (Applaudissements.)

Discours de Monmousseau

AVANT SAINT-ETIENNE

MONMOUSSEAU. — Camarades, ce n'était pas pour mener la C. G.
T. U. à une adhésion sentimentale à Moscou qu'au sein de l'ancienne
Commission administrative, nous avons bataillé jusqu'à Saint-Etienne.

Ce n'était pas pour une adhésion sentimentale que nous avons
accepté d'être brimés, minorité, au sein de l'ancienne Commission
administrative dont la majorité était aux mains des militants actuels
du Comité de défense syndicaliste et des pactisans.

Nous avons lutté avec tous les moyens dont nous disposions. Les
syndicats ne nous ont pas entendu souvent leur parler au nom de la
C. G. T. U. et je me souviens comment on nous recevait au sein de
l'ancienne Commission confédérale lorsque nous opposions notre argumentation aux résolutions de la majorité !

« Ne vous cassez pas la tête, nous disait-on. Vous êtes minoritaires et vous êtes battus ! » C'était votre droit de parler ainsi. Vous
l'avez exercé. Mais c'était notre devoir de lutter contre vous. Nous
l'avons rempli et, malgré votre censure, nous sommes arrivés à Saint-
Etienne face à face et vous avez été battus.

UN DÉLÉGUÉ. — Et contents !

MONMOUSSEAU. — Non, pas contents ! Car vous avez eu la défaite
mauvaise, vous n'avez même pas attendu la clôture du Congrès pour
déclarer le Syndicalisme en danger et la guerre à la Commission exécutive et au Bureau confédéral qui, au point de départ, ont dû travailler l'épée dans les reins.

Oui, camarades, Dudilieux, Semard, Jacob, Richetta, c'est vrai,
nous avons eu quelquefois mauvais caractère, et avons montré souvent
une certaine rigidité de pensée pour que la C. G. T .U. ne puisse pas
dévier, pour qu'elle puisse apporter au deuxième Congrès de l'I.S.R.,
non pas son adhésion sentimentale, mais une adhésion de raison.

Car c'est un mariage de raison que nous avons conclu avec l'Internationale de Moscou au deuxième Congrès, et si, pour y parvenir, nous avons été quelquefois autoritaires, nous ne l'avons jamais été autant que vous lorsque vous dirigiez l'ancienne Commission administrative.

Camarades des G. S. R., vous étiez avec nous à Saint-Etienne dans la bataille que nous avons livrée à ce moment contre les adversaires irréductibles de l'Internationale, contre ceux qui n'ont pas attendu Bourges pour déclarer la guerre à l'Internationale Syndicale Rouge.

Vous étiez avec nous, mais avec des réserves ; ces réserves se sont accusées de plus en plus. Vous vous êtes éloignés de nous de mois en mois et, à la clôture de ce débat, vous serez contre nous dans le bloc des anticommunistes (Exclamations); à moins que, depuis le Comité national confédéral de juillet, vous n'ayez senti que cette position pouvait être défavorable à votre tendance.

Ceux qui ont suivi le Comité national confédéral savent ce qui s'y est passé, et aucune équivoque ne peut désormais subsister. Les votes du C. D. S. se sont bloqués à chaque fois sur la résolution Marie Guillot-Lartigue contre la majorité confédérale.

LA MAJORITE DE SAINT-ETIENNE

Il faut bien dire qu'à Saint-Etienne le bloc qui s'était constitué dans la majorité actuelle contre les adversaires de l'I. S. R. était composé de différentes tendances. Ces tendances étaient au nombre de trois. Il y avait d'abord la tendance Planchon qui préconisait la liaison organique. Je ne sais pas quel pouvait être l'esprit de Planchon sur les conséquences de cette liaison organique lorsque à Saint-Etienne il déposait sa résolution, mais je me souviens que ses camarades du Parti communiste ont dû lui faire une guerre assez vive pour qu'il la retire et se discipline au sein de la majorité.

La résolution Planchon stipulait l'adhésion sans réserve ni condition avec l'approbation de la liaison organique, entre l'Internationale communiste et l'Internationale Syndicale Rouge, ainsi qu'entre le Parti communiste et la C. G. T. U.

Il y avait ensuite la résolution dite Monmousseau, qui faisait une réserve consistant à demander au préalable à l'Internationale Syndicale Rouge d'abandonner la liaison organique sur le terrain national, mais qui ne voulait pas subordonner l'adhésion de la C. G. T. U. à l'I. S. R., à la destruction de la liaison organique entre l'Internationale Syndicale Rouge et l'Internationale communiste.

Il n'y a pas eu de résolution Marie Guillot-Lartigue-Cazals, mais une tendance Marie Guillot-Lartigue-Cazals demandant la suppression de la liaison organique nationale et internationale avant l'acte d'adhésion à l'I. S. R.

C'est au moment du vote que le bloc des syndicalistes communistes s'est constitué pour faire face aux partisans de l'Internationale anarcho-syndicaliste de Berlin.

A MOSCOU

Nous sommes allés au deuxième Congrès de Moscou au nom de la majorité, mais l'esprit des trois tendances qui s'étaient bloquées sur une seule résolution subsistait néanmoins au sein de la majorité confédérale. C'est ce qui fit sa faiblesse et nous conduisit à Bourges.

Or, lorsque nous eûmes expliqué aux camarades de Moscou la situation du mouvement français, lorsque nous eûmes analysé devant eux ces trois tendances de la majorité confédérale, les militants de l'I. S. R. ont compris immédiatement qu'il était indispensable de faire l'unité morale au sein de la majorité confédérale.

Si nous avions simplement réussi à faire supprimer la liaison organique nationalement, la tendance Cazals-Marie Guillot-Lartigue aurait dû se déclarer satisfaite, la résolution de Saint-Étienne eût été respectée.

Mais on estima à Moscou qu'il fallait faire mieux; le Congrès de l'I. S. R. a voulu fondre ces trois tendances en une seule, de telle sorte qu'elle ne puisse jamais se laisser entamer par les adversaires de l'I. S. R.

LA LIAISON ORGANIQUE EST SUPPRIMEE

L'I. S. R. a donné satisfaction à Marie Guillot.

Elle s'est montrée plus syndicaliste que Planchon; elle a supprimé la liaison organique entre les deux Internationales, et les camarades qui en réclamaient l'application au Congrès de Saint-Étienne se sont disciplinés.

La preuve, c'est que le bloc des deux tendances : liaison organique et adhésion avec une réserve (résolution Monmousseau), se retrouve ici à Bourges sur une seule résolution et sans une voix discordante.

LA RUPTURE AU BUREAU CONFEDERAL

Camarade Marie Guillot, camarade Cazals, camarade Lartigue, vous n'avez pas voulu faire ce que les partisans de la liaison organique ont fait.

Un Délégué. — Heureusement !

Monmousseau. — Vous êtes restés indisciplinés dans la majorité de Saint-Etienne. Vous, les partisans de l'I. S. R., vous les défenseurs de la révolution russe, vous avez risqué de nous faire minoriser en vous séparant de nous, en recouvrant votre liberté d'action, en reprenant à votre compte la thèse de l'indépendance absolue de l'I. S. R. vis-à-vis de l'I. C., vous avez cherché à faire revivre au sein du prolétariat français les traditions du vieux syndicalisme qui devait vous pousser infailliblement dans les rangs du Comité de défense syndicaliste.

Un Délégué. — Ça n'aurait pas fait de mal !

Monmousseau. — Cazals doit pourtant se souvenir que nous avons discuté sur ce Comité de défense syndicaliste. Si jamais, lui disais-je, cette tendance que tu représentes vient à se développer au sein de la majorité et à la briser en deux tronçons, le Comité de défense syndicaliste fera bloc sur vous ; il reprendra la direction de la C. G. T. U. et c'est à Berlin que nous irons.

Car après avoir minorisé la majorité de Saint-Etienne, vous serez minorisés vous-mêmes au sein des partisans de l'Internationale de Berlin. Ce n'est pas votre faute, dites-vous ? C'est peut-être la nôtre !

MOSCOUTAIRES

Je comprends très bien, nous comprenons tous l'état d'esprit dont sont animés nos camarades des G. S. R. : l'indépendance de l'Internationale Syndicale Rouge vis-à-vis de l'Internationale communiste ! et vous précisez votre conception, lorsque vous voulez attribuer à la seule Internationale Syndicale Rouge la direction de l'action dans le mouvement international.

Je comprends très bien votre état d'esprit, mais, que voulez-vous ? Nous sommes allés à Moscou, nous sommes devenus moscoutaires, c'est-à-dire que l'état d'esprit dans lequel nous étions à Saint-Etienne s'est trouvé confirmé lors de notre voyage à Moscou.

Plusieurs voix. — C'est le contraire !

Monmousseau. — Il est impossible, sans porter un coup fatal à la révolution russe d'abord, à la révolution allemande ensuite, de demander la rupture morale entre l'Internationale communiste et l'Internationale Syndicale Rouge.

JE SUIS UN DEFENSEUR
DE L'INTERNATIONALE COMMUNISTE

Permettez-moi d'être plus orthodoxe que Pierre Semard. On m'a dit assez souvent que j'étais un communiste honteux. Au moment où notre camarade Cazals disait : « Monmousseau n'est pas du Parti », quelqu'un a ajouté: « C'est la même chose ».

Plusieurs voix. — Oui ! Oui !

Monmousseau. — Possible ! Ici, je suis un défenseur de l'Internationale communiste. (Applaudissements.)

Vous nous avez assez reproché de mettre notre drapeau dans notre poche, de ne point vouloir dire notre façon de penser. Or dans tous les congrès, aussi bien à Lille qu'à Saint-Etienne, nous n'avons jamais caché notre sympathie envers l'Internationale communiste. Ce n'est pas aujourd'hui que nous allons la renier pour vous faire plaisir.

Mais, ce n'est pas parce que nous aimons les militants de l'Internationale communiste, ce n'est pas simplement parce qu'ils nous inspirent une ardente sympathie...

Un Délégué de la minorité. — Parce qu'elle donne de l'argent à la « Vie Ouvrière » !

Monmousseau. — ...Ce n'est pas. dis-je, pour l'admiration que nous éprouvons pour ces militants de la révolution dont nous sommes les frères indignes, que nous défendons cette Internationale communiste, c'est pour des raisons plus profondes et plus sérieuses.

C'était peut-être par admiration pour la révolution russe que la minorité révolutionnaire, aux Congrès d'Orléans et de Lyon, donnait à l'unanimité son adhésion sans réserve à l'Internationale communiste et avant même de savoir si un jour existerait une Internationale Syndicale Rouge.

LES COMMUNISTES RUSSES

A L'AVANT-GARDE DE LA REVOLUTION

En fait, c'est que l'Internationale communiste a pris sa place dans le mouvement révolutionnaire. Camarades du Parti communiste français, lorsque je disais que nous ne permettrions pas à un parti politique de se placer théoriquement à l'avant-garde du prolétariat français sans nous trouver devant lui, il n'y avait pas à ce moment-là en France de parti politique qui ait participé d'une façon effective à la bataille de classes.

Mais l'Internationale communiste, elle, s'était fondée au cœur même de la révolution russe. Qui pourrait contester que ce sont les communistes russes qui ont fait la révolution en Russie?

Plusieurs voix. — Nous!

Monmousseau. — Personne ne contestera que la révolution en Russie soit l'acte du prolétariat, mais nul ne peut contester qu'à l'heure où la révolution s'est faite en Russie, il n'y avait pas de syndicats, mais un parti communiste. (Très bien!)

Un Délégué. — Et ils étaient avec les radicaux-social-démocrates, les communistes!

Monmousseau. — Il y avait un parti communiste composé de « sales politiciens » qui ont été à l'avant-garde de la révolution et qui ont participé au feu de la guerre civile contre les armées blanches. (Interruptions.)

Ce n'est qu'ensuite, lorsqu'il a fallu appuyer cette révolution sur des assises solides, que les communistes eux-mêmes se sont occupés à développer les organisations ouvrières de Russie.

Ah! les Russes ne sont pas partisans de l'autonomie syndicale? Mais ce sont eux, les communistes, qui ont enfanté les syndicats et les Conseils d'usine; car sans les syndicats la révolution russe, n'ayant aucune base prolétarienne, n'aurait pu se réaliser économiquement.

Je ne veux pas faire ici un discours théorique et redire ce que vous connaissez déjà sur la nécessité de la dictature prolétarienne.

Lorsque les camarades communistes ont pris le pouvoir des mains du social-démocrate Kerensky, lorsque après le coup d'Etat bolchevick, ils trouvèrent contre eux les armées de la contre-révolution, les armées blanches, est-ce que ce sont les syndicats qui ont constitué la base de résistance?

Les syndicats n'existaient qu'à l'état embryonnaire alors; ils ne se sont constitués et développés que par la suite. L'Internationale communiste, qui avait non seulement besoin de se défendre, de protéger la révolution contre l'ennemi de l'intérieur, avait également à se défendre internationalement.

Or, pour qu'une révolution résiste à la réaction de l'intérieur comme à celle de l'extérieur, il lui faut une solidarité internationale capable de forger autre chose que des résolutions de sympathie, et c'est parce que nous nous sommes contentés de voter à la révolution russe des résolutions de cet ordre que nous ne lui avons pas permis de se développer. (Interruptions.)

L'Internationale communiste a planté son drapeau révolutionnaire dans tous les pays ; plus ou moins purs, selon les circonstances, des partis communistes sont en formation partout. Une armée révolutionnaire ne s'improvise pas facilement dans un pays comme la France, pourri par cinquante années de compromissions parlementaires. (Très bien !)

Camarades du Parti communiste, vous n'avez pas toujours été ce que vous êtes à l'heure actuelle et vous avez encore beaucoup à travailler. (Applaudissements.) Mais vous avez déjà, par des règles sévères, fait fuir de vos rangs bien des revenants de la politique électorale dont la place est ailleurs.

Un Délégué. — Attrape, Cazals !

Monmousseau. — Toute la délégation française a assisté, non seulement aux délibérations du deuxième Congrès de Moscou, mais aux délibérations de l'Internationale communiste, et les membres de cette délégation, officiels et officieux, se sont tous compromis.

Si je m'honore d'avoir pris la parole au nom de l'I. S. R., au Congrès des Jeunesses communistes à Moscou, il n'y a pas un délégué parmi ceux qui se trouvent aujourd'hui dans les rangs du Comité de défense syndicaliste qui n'ait manqué une séance des Congrès de l'Internationale communiste. (Très bien !)

SOLIDAIRES DU GOUVERNEMENT DES SOVIETS !

Les adversaires de l'Internationale communiste et de l'I. S. R. ont proclamé partout que l'Internationale communiste était placée sous le contrôle du gouvernement des Soviets. Nous avons été obligés de constater que c'était exactement le contraire.

Nous ne pouvons donc pas nous désolidariser du gouvernement des Soviets, puisque ce sont les révolutionnaires du monde entier qui le contrôlent.

Oui, nous avons assisté aux discussions du Congrès mondial de l'Internationale communiste et nous avons vu défiler sur la tribune du Kremlin les fameux dictateurs, les Commissaires du Peuple. Nous les avons vus défendre leur gestion devant les délégués de l'Internationale communiste, devant les délégués révolutionnaires du monde entier.

Un Délégué. — Quel uniforme avaient-ils ?

Un Délégué. — Un costume de cosaque !

Monmousseau. — Et nous avons compris que c'était une tâche lourde de responsabilités que d'être admis à contrôler une révolution, défendre et voter des thèses qui mettent en jeu la vie de la révolution russe.

Un Délégué. — Parle-nous de l'I. S. R., et non pas de l'Internationale communiste.

Monmousseau. — Dans ce pays de France, où le syndicalisme suffit à tout, dans ce pays, où la réaction domine le mouvement ouvrier, où nous battons en retraite devant les forces réactionnaires, s'il se trouve des militants assez sévères pour juger ceux qui assument la responsabilité de diriger les destinées de la révolution russe, ils ne le seront jamais autant que les révolutionnaires russes le sont pour eux-mêmes.

LA REVOLUTION AU-DESSUS DE TOUT !

Comprenez alors pourquoi il faut avoir assez de tempérament et de bon sens pour savoir accepter certaines disciplines et comment aussi l'amour-propre que nous avons en nous doit être sacrifié souvent devant le grand événement qu'est la révolution.

J'ai été témoin d'un cas de conscience quand, au Congrès de l'Internationale communiste, on a appris qu'il y avait, dans les rangs du Parti communiste français de nombreux francs-maçons.

Notre camarade Ker, du Parti communiste, appartenait à cette filiation bourgeoise; et on a dit à Ker : « Entre la bourgeoisie et nous, il faut choisir; on ne peut pas contrôler la révolution prolétarienne lorsqu'on a des attaches avec les adversaires de la révolution. »

On a mis notre camarade Ker à l'épreuve de la discipline communiste. Pour un homme vaniteux et qui veut se piquer d'amour-propre, l'épreuve était suffisante pour qu'il reprenne le train de Moscou à Paris et tire, comme pas mal d'autres, dans le dos de la révolution pour satisfaire la vanité blessée.

C'est alors que notre camarade Ker, qui déjeunait avec moi au Kremlin... (Exclamations.) Mais oui, nous déjeunions tous au Kremlin — y compris les militants du C. D. S. (Bruit.) — ...c'est alors que notre camarade Ker m'a déclaré :

« La révolution russe est au-dessus de tout; elle est au-dessus de toutes nos questions d'amour-propre, au-dessus de toutes nos vanités; quelles que soient les sanctions disciplinaires et les épreuves qu'on voudra me faire subir, je les subirai sans rien dire : la révolution vaut bien cela. » (Applaudissements.)

Pour nous aussi, elle vaut mieux que tout cela. Elle vaut le sacrifice de toutes vos formules au nom desquelles vous voudriez la rendre autonome vis-à-vis du gouvernement des Soviets, des institutions soviétiques, de l'Internationale communiste et de l'I. S. R.

DEUX FORCES CONJUGUEES

La révolution s'appuie sur deux piliers : l'Internationale communiste...

Un Délégué de la minorité. — L'armée rouge !

Monmousseau. — Oui, sur l'armée rouge ! sur l'Internationale communiste et sur l'Internationale Syndicale Rouge. En Russie, le Parti communiste, c'est l'élite de la classe ouvrière qui s'est enrôlée dans les rangs de l'armée rouge contre les armées blanches de Wrangel, de Denikine et de Koltchak ! (Mouvements divers. Interruptions et bruit.)

Kerdraon. — Je demande à la sténographie d'enregistrer les interruptions ; quand les camarades les retrouveront dans le discours de Monmousseau publié en brochure, ils jugeront. (Applaudissements de la minorité.)

Boudoux. — Je dois dire que Makno était au premier rang de la révolution et qu'il a été emprisonné avec la complicité de la réaction ! (Mouvements divers.)

Monmousseau. — La rupture morale entre les syndicats russes et le Parti communiste russe, c'est l'écroulement de la révolution. C'est sur ces deux forces conjuguées, intimement liées, que la révolution russe trouve son point d'appui.

La Russie compte neuf dixièmes de population paysanne contre un dixième d'ouvriers. Les révolutionnaires russes, que vous accusez d'être les profiteurs de la révolution, ces hommes que vous accusez d'être des conservateurs de fauteuils dictatoriaux, ces hommes que nous aimons n'auraient qu'à faire demi-tour à droite, s'appuyer sur la classe paysanne pour faire un bon gouvernement conservateur à la manière de la République française.

Un Délégué de la minorité. — C'est ce qu'ils sont !

Monmousseau. — Chaque propriétaire auquel on a donné la terre en usufruit demande à la garder pour lui. La revendication de tout paysan, c'est d'avoir la terre à lui, de pouvoir la léguer à ses enfants, de s'enrichir avec elle et la vendre à l'occasion.

Je ne sais quels délégués étaient avec nous lorsque nous sommes allés chez Trotsky... (Interruptions.)...Mais oui, nous sommes allés chez Trotsky ; nous avons même dîné avec lui et tous les délégués

membres du Comité de défense syndicaliste nous tenaient compagnie...
(Mouvements divers. Bruit.)

Nous causions avec lui de quelques questions intéressant l'avenir
de la révolution russe. Et je me souviens que nous lui disions :

« C'est entendu, vous avez une jeunesse ardente, pleine de volonté
et d'espérances, animée du souffle révolutionnaire comme devait en
être animée la jeunesse de 1793 en France. Mais lorsque cette jeunesse
sera arrivée à maturité, lorsque la révolution russe aura été livrée à
elle-même pendant un certain nombre d'années, est-ce que cette/jeu-
nesse ne s'installera pas peu à peu dans la révolution ? »

Trotsky nous répondit :

« Cela est possible, en effet, c'est l'histoire de toutes les révolu-
tions qui restent prisonnières dans leurs frontières nationales. Mais
ce sera la faute du prolétariat international, ce ne sera pas la nôtre.

« Nous pouvons encore tenir cinq ou six ans peut-être. Nous serons obligés à de nouvelles concessions, de composer avec la bourgeoisie internationale.

« Mais si le prolétariat international vient à notre secours, si la
révolution se développe en Allemagne et en France — comme c'est
probable — cette jeunesse que vous avez vue portera dans tous les pays
une flamme révolutionnaire capable d'incendier les derniers vestiges
du capitalisme mondial. » (Applaudissements de la majorité.)

Lecoin. — Il y a un mois à peu près, en première page, l' « Hu-
manité » a déclaré le contraire en ce qui concerne Trotsky.

LA DICTATURE DU PROLETARIAT

Monmousseau. — Alors qu'il suffisait aux révolutionnaires russes
d'avoir un geste de découragement pour livrer la révolution russe aux
forces capitalistes, alors qu'ils nous attendent et qu'ils tiennent en
main le sort de la révolution mondiale, vous voudriez, camarades des
G. S. R., opérer la rupture morale entre l'I. C. et l'I. S. R. ; mais
vous jetteriez bas la dictature du prolétariat, vous ouvririez la porte
à la dictature blanche et vous assassineriez la révolution ; là où il n'y
a pas d'armée rouge, là où il n'y a pas de dictature du prolétariat,
cela se passe comme en Italie et en Espagne. (Applaudissements.)

Nous reparlerons plus tard de la révolution allemande. (Voix
nombreuses. — Oui ! Oui !) Mais vous viendrez nous dire en même
temps, ce que vous opposeriez, vous, aux troupes régulières et irrégu-
lières de la réaction allemande encadrée par les généraux qui ont
tenu en échec pendant tant d'années les armées de l'Entente ! Vous

nous apporterez la formule savante, un programme précis, non seulement de défense, mais de réalisation révolutionaire.

La dictature du prolétariat? le rôle de l'I. S. R. et de l'Internationale communiste? le rôle des syndicats et du Parti communiste en Russie, c'est Totti lui-même qui, dans son discours à l'ouverture du Congrès de l'Union socialiste et communiste, les a définis lorsque, malgré sa réthorique, il a été obligé de déclarer :

« Parti communiste et syndicalisme, mouvements parallèles d'abord, se retrouveront et se confondront ensuite pour réaliser la révolution. »

UN DÉLÉGUÉ DE LA MINORITÉ. — On n'a jamais dit le contraire.

UN DÉLÉGUÉ DE LA MAJORITÉ. — Fort bien !

MONMOUSSEAU. — Totti est donc d'accord avec les militants de la révolution russe, comme il est d'accord avec nous?

POURQUOI NOUS SOMMES
CONTRE LA LIAISON ORGANIQUE

Camarades des G. S. R., vous avez voulu opposer aux pratiques de la lutte de classe, aux pratiques de la révolution une formule un peu trop théorique.

Hélas! nous ne pouvons pas vous suivre sur ce terrain. Lorsque nous avons obtenu de l'I. S. R. l'abrogation de la liaison organique internationale, c'est nous, vous entendez, camarades du Comité de défense syndicaliste, dites-le bien dans toute la France, c'est nous-mêmes qui avons demandé l'établissement des accords entre l'I. C. et l'I. S. R.

Nous avons défendu le principe des accords entre les deux Internationales pour des raisons aussi impérieuses que celles qui nous ont fait repousser la liaison organique. La liaison organique n'est pas concevable en France ; le mouvement français est d'une formation différente de celle du mouvement russe, des mouvements allemand, polonais, anglais, belge, qui sont de formation marxiste et social-démocrate.

J'expliquais un jour au camarade Lenine — car je suis allé chez Lenine (Exclamations de la minorité) — pourquoi il fallait supprimer la liaison organique en France, le syndicalisme français étant un composé de multiples tendances ; ces tendances représentent autant de groupements situés à l'extérieur des syndicats ; ainsi l'établissement de la liaison organique entre le Parti communiste et la C. G. T. U.

frapperait d'exclusive toutes les autres tendances et tous les autres partis et réduirait la C. G. T. U. à un groupement de secte.

C'est pour conserver au sein du syndicalisme français l'équilibre entre toutes les tendances, c'est pour développer son influence et son action sur les masses ouvrières, c'est pour en faire un syndicalisme de masse que nous avons demandé et obtenu la suppression de la liaison organique.

On nous a donné satisfaction, non pas une satisfaction de forme, mais une satisfaction de fait; car, ce qui est compréhensible pour nous l'est aussi pour les camarades de Russie.

Ce qui était incompréhensible pour nos camarades russes, c'est le point de vue que vous exprimiez, militants du pacte, lorsque, dans l'ancienne Commission administrative confédérale, vous votiez des résolutions qui déclaraient le Syndicalisme antiétatique par essence et par définition.

Un Délégué de la minorité. — Mais parfaitement.

Monmousseau. — Oui, vous vous prononciez alors contre la révolution russe et, à ce moment, nos camarades de Russie avaient une maigre confiance dans les possibilités réalisatrices du syndicalisme français; car, un syndicalisme qui se déclare « a priori » antiétatique par essence et par définition, qui nie la nécessité de la dictature prolétarienne sans laquelle une révolution est impossible à notre époque, n'est pas révolutionnaire. (Applaudissements de la majorité. Exclamations de la minorité.)

L'INTERNATIONALE SYNDICALE ROUGE
CONTRE TOUTE SCISSION

Monmousseau. — J'ai dit hier soir à mon ami Semard que j'allais être plus orthodoxe que lui dans ce Congrès. Semard avait la mission de défendre l'Internationale Syndicale et la résolution de la majorité. J'avais la mission de situer les tendances de Saint-Etienne. Si j'ai été amené à défendre l'Internationale communiste, c'est parce que les deux tendances de la minorité, dans la position qu'elles ont prise, se sont prononcées contre elle.

Il me reste, pour conclure ce chapitre, à fixer le rôle que joue l'Internationale Syndicale Rouge dans le mouvement international.

Lorsque je disais, hier soir, qu'au moment où la révolution russe éclatait en Russie, les syndicats n'existaient pas; lorsque je disais que c'étaient les éléments révolutionnaires groupés au sein du Parti communiste russe qui avaient été les premiers pionniers de la revolution, qu'ils en avaient forgé la structure, je n'ai pas voulu dire qu'il en était de même dans l'ensemble du mouvement ouvrier mondial.

En Allemagne, par exemple, où la révolution vient, il y a une vieille organisation syndicale, alors que le Parti communiste allemand n'est qu'en formation.

Il était donc nécessaire qu'à côté de l'Internationale communiste se créât une Internationale Syndicale Rouge pour grouper la fraction des ouvriers sympathiques à la révolution russe, mais qui devaient demeurer au sein des syndicats réformistes.

N'allez pas en conclure qu'il y avait, de la part de nos camarades de Russie, la pensée de provoquer une scission dans le mouvement syndical international. L'I. S. R., lorsqu'elle s'est créée, non seulement n'a pas eu l'idée de faire la scission dans le mouvement syndical international; mais n'ayant pour mission que de grouper moralement les éléments révolutionnaires aux côtés de la révolution russe, elle a toujours demandé à ses adhérents de rester dans l'Internationale d'Amsterdam. Et c'est pourquoi les centrales syndicales adhérentes à l'I. S. R. sont relativement peu nombreuses en comparaison du mouvement syndical international révolutionnaire. C'est pourquoi nos camarades allemands sont restés au sein des syndicats social-démocrates. Mais c'est pourquoi aussi les social-démocrates et les réformistes d'union sacrée, en France comme en Allemagne, ont cherché à se débarrasser des éléments sympathiques à la révolution russe, en provoquant la scission.

Lecoin. — Veux-tu me permettre un mot? Je lis, dans un mani-

feste que vous ne pourrez pas contester, ceci : « La révolution d'octo-
« bre en Russie est aussi bien l'œuvre des syndicats que l'œuvre du
« Parti communiste et des Soviets ; les syndicats de Russie n'ont pas
« seulement aidé la révolution, ils l'ont faite ; ils ont été un des fac-
« teurs les plus importants de la victoire du prolétariat. »

C'est un manifeste adressé au Congrès d'Orléans par le camarade
Losowsky ; je le mets à la disposition du Bureau.

SEMARD. — C'est exact.

MONMOUSSEAU. — Cela n'infirme pas ce que j'ai dit hier.

UN DÉLÉGUÉ DE LA MINORITÉ. — Ah ! si.

PARTIS ET SYNDICATS

MONMOUSSEAU. — Je dis que, au cours de la révolution russe, les
syndicats, sous l'influence des communistes, se sont développés paral-
lèlement au mouvement révolutionnaire. Au moment où il fallait pro-
céder à l'expropriation capitaliste, nos camarades communistes de Russie ont travaillé pour que cette révolution puisse s'appuyer sur les
larges masses prolétariennes, et elle ne pouvait s'appuyer sur les larges
masses prolétariennes que par la création des syndicats.

Mais il est certain que les syndicats russes ne sont pas antérieurs
à la révolution, alors que dans tous les autres pays les syndicats existent depuis longtemps et précèdent la révolution.

Les deux facteurs de la révolution internationale seront constitués
de forces révolutionnaires groupées au sein de l'I. C. et de l'I. S. R.
dans tous les pays, à condition que la rapidité de leur évolution leur
permette d'influencer les grandes masses ouvrières et que leurs militants soient à la hauteur de leur tâche aux moments décisifs. En ce qui
concerne la France, si le Parti communiste n'est pas apte à remplir sa
mission à côté des syndicats, d'autres groupements prendront sa place.
Partis révolutionnaires et syndicats sont appelés fatalement à se rejoindre sous la poussée des événements pour donner à la révolution internationale son véritable caractère et sa véritable expression.

LA COLLABORATION N'EST PAS LA SUBORDINATION

Deux mouvements parallèles coordonnant leur efforts jusqu'à les
confondre ensuite pour le triomphe de la révolution ; je ne vois pas
qu'il y ait là de subordination ; il y a là collaboration effective dans

la propagande et dans l'action révolutionnaires, et c'est cette dernière condition qui fut remplie entre l'I. C. et l'I. S. R. jusqu'au deuxième Congrès de Moscou.

C'était l'application de la liaison organique. Elle était permanente. Elle s'exerçait par l'interpénétration des deux Internationales dans les Comités exécutifs réciproques.

La liaison organique permanente a été remplacée par les accords circonstanciels : trois délégués du Comité exécutif de l'I. C., trois délégués du Comité exécutif de l'I. S. R. se rencontrent en dehors des deux Comités exécutifs et constituent un Comité d'action mixte pour l'étude en commun de la propagande et de l'action sur le terrain international.

Vous me direz que ces Comités sont permanents, alors qu'ils n'ont été créés que pour être circonstanciels et provisoires.

Hélas ! la tâche des révolutionnaires est loin d'être terminée dans l'internationale et le rôle constructeur des syndicats ne fait que commencer en Russie. Il commence si bien que Trotsky déclare lui-même que les syndicats russes vont prendre d'ici peu la première place dans le mouvement révolutionnaire de Russie. Dans le domaine de l'internationale, notre camarade nous disait — et tout le monde s'est rendu à l'évidence — que la révolution allemande se préparait, que le fascisme étendait ses ravages dans l'ensemble de l'Europe, que l'impérialisme était déchaîné partout et que partout la révolution en marche est en état permanent de légitime défense.

Evidemment, les Comités entre l'I. C. et l'I. S. R. ont travaillé en permanence, ce n'est pas nous qui le nierons. Il est exact qu'avant de nous séparer, au Congrès de l'I. S. R., nous avons constitué un Comité d'action et que nous avons travaillé en commun avec les délégués de l'Internationale communiste au sein du Comité d'action, afin de déterminer d'un commun accord les tactiques, les moyens de défense et de combat du prolétariat international.

C'est le Comité d'action de Moscou qui a fixé la Conférence d'Essen d'une façon définitive, et je ne vois pas quel prétexte vous pourriez invoquer pour nier à ce sujet la valeur des modifications apportées aux statuts de l'I. S. R. Est-ce parce que les événements internationaux sont tels qu'il fallait travailler pendant des mois et des mois à des problèmes différents, qui se posent tous à la même époque ? Est-ce pour cela que vous déserteriez l'I. S. R. et que vous nieriez la sincérité de ses résolutions et statuts ?

LA PRATIQUE DE LA LUTTE DES CLASSES
ET LES FORMULES ABSTRAITES

Camarades, la lutte révolutionnaire est telle qu'il faut savoir choisir entre la beauté des principes et la pratique révolutionnaire, entre les belles formules et l'exécution des décisions prises.

Nous avons, au retour de Moscou, constitué à Paris un Comité d'action contre l'impérialisme français. Ce Comité d'action a été construit sur le même schéma que le Comité international. Des camarades de la C. G. T. U., des camarades du Parti communiste se sont réunis. Ils ont étudié en commun les moyens par lesquels on devait faire face à l'occupation de la Ruhr, les moyens par lesquels nous pourrions secourir, le cas échéant, le prolétariat allemand, menacé par l'impérialisme français.

Il ne s'agit pas d'apporter ici des principes et des formules. Il faut indiquer les conditions pratiques de travailler pour pouvoir dresser, au besoin, le prolétariat français contre notre gouvernement pour appliquer le devoir de solidarité internationale ; il faut dire s'il vaut mieux conserver saufs les principes et laisser le prolétariat allemand sans secours et, par l'impérialisme français, écraser la Révolution !

Nous avons choisi, non pas selon notre plaisir du moment, mais parce que tels étaient les moyens dictés en la circonstance par la résolution de Saint-Etienne et par les décisions prises au Congrès de l'I. S. R.

Permettez-moi de vous demander — et j'en fais appel aux camarades délégués du Parti communiste — si la part d'initiative prise par la C. G. T. U. au sein du Comité d'action central créé à Paris en décembre 1922 a été nulle ? Est-ce que les délégués de la C.G.T.U., Cazals, Massot, Lartigue, qui en faisaient partie — et nous avons payé cette participation par quelques mois de prison — n'ont pas eu leur part dans les initiatives prises par le Comité ? Vous auriez pu apporter vous-mêmes à cette tribune les preuves de l'infériorité de la C.G.T.U., les preuves de l'ignorance ou de l'impuissance de ses délégués à apporter au sein du Comité d'action des propositions d'action concrète contre l'impérialisme français ! Vous ne pouviez pas le faire, vous ne l'avez pas déclaré, parce que la part d'initiative qu'a prise la C. G. T. U. est telle qu'à aucun moment la C. G. T. U. a été mise en état d'infériorité et de tutelle.

ESSEN !

Nous ne voulons pas, ici, placer la C. G. T. U. sur un piédestal. Nous disons simplement qu'il y a eu, entre ses délégués et ceux du

Parti communiste, une collaboration de tous les instants, une collaboration effective, sans que la moindre contradiction ne se soit fait jour au sein du Comité central d'action.

Ce qui s'est fait en décembre, à Paris, ne pouvait-il se faire en janvier, à Essen ? Ce qui s'est fait normalement en 1923 ne peut-il plus se faire sans danger en 1924 ? Est-ce que depuis cette époque, la C. G. T. U., par l'organe de ses militants ou par la force combative qu'elle a en elle, a diminué de valeur ? Est-ce qu'elle a perdu sa capacité d'action ? Est-ce qu'elle a remis son pouvoir et son intelligence entre les mains du Parti communiste ?

Je ne le crois pas ! Des exemples nombreux viendront attester mon affirmation. Nous avons été à Essen. Tu y étais, Massot. Nous avons été confondus au sein du vaste Comité d'action international, et nous étions, nous, délégués de la C. G. T. U., représentant la seule organisation syndicale au milieu d'un grand nombre de partis communistes : allemand, polonais, belge, anglais, italien. Camarade Massot, est-ce que la part qu'a apportée la C. G. T. U. au Comité d'action, à Essen, a été si petite que l'on puisse dire qu'à un moment donné la C.G.T.U. a été infériorisée et subordonnée ?

Est-ce que la consultation des délégués du Comité d'action de tous les partis révolutionnaires n'a pas été une consultation sincère, faite en dehors de toute considération secondaire ? Est-ce que nous n'avons pas procédé avec franchise, les uns et les autres, à un examen critique de la situation française et de la situation allemande ? Est-ce que nous n'avons pas dit, les uns et les autres ce que nous pensions du mouvement français ? Est-ce que la discussion d'Essen ne s'est pas déroulée tout entière sur les arguments que nous avons apportés ? Est-ce que nos camarades allemands ne se sont pas inquiétés tout particulièrement de connaître notre opinion sur la C. G. T. U., sur sa puissance d'action, sur son influence sur la masse ouvrière en faveur de la Révolution allemande ? Est-ce que toute la discussion n'a pas tourné autour du mouvement français, et principalement autour des forces groupées derrière la C. G. T. U. ? Les décisions prises ne s'y rattachent-elles pas ?

Nous ne sommes pas allés à Essen pour discuter sur des formules abstraites. Nous sommes allés à Essen avec la volonté, les uns et les autres, d'appliquer quand il le faudrait, les mesures nécessaires pour faire face à l'occupation de la Ruhr et à ses conséquences révolutionnaires.

Est-ce que les délégués du Parti communiste français n'ont pas pris, avec nous, toutes leurs responsabilités, d'abord au sein du Comité d'action parisien, ensuite au Comité d'action d'Essen ? Ils les ont si bien prises, leurs responsabilités, que les uns et les autres nous avons été cueillis en famille pour attentat à la sûreté intérieure et extérieure de l'Etat, en même temps que nos camarades communistes de Belgique étaient poursuivis par leur gouvernement pour répondre de leur participation à la Conférence d'Essen.

C. G. T. U. ET PARTI COMMUNISTE
DEVANT LA JUSTICE BOURGEOISE

Nous avons vécu ensemble à la Santé durant quelques mois, nous avions, si vous vous en souvenez, mes chers camarades, fait le serment de nous présenter devant la justice bourgeoise, la Cour d'assises ou la Haute-Cour, comme un seul bloc. C'était le Comité d'action international qui passait en jugement; ce n'étaient pas des personnalités, c'étaient des groupements qui avaient eu à un moment donné le courage et la volonté de participer à l'action de classe internationale. Il n'y avait pas de cloison étanche entre les uns et les autres, parce qu'il n'y avait pas de lâches et qu'il ne s'est pas produit une seule défaillance dans les rangs des emprisonnés délégués du Parti communiste et de la C. G. T. U.

Et vous voudriez, après cet épisode, après cette première escarmouche de la bataille de classes, vous voudriez aujourd'hui, que j'oublie le passé, que j'ignore non seulement les camarades, mais les groupements que ces camarades représentaient dans l'action commune? Vous voudriez que je m'associe à vos critiques? Que je m'associe aux campagnes qui, depuis un an, déferlent sur leurs têtes? Vous voudriez que nous les traitions avec vous de politiciens ou d'arrivistes?

Mais non, les politiciens et les arrivistes qui s'étaient égarés dans les organisations révolutionnaires ont rompu avec elles et se sont abstenus d'aller à Essen. C'est là un point d'histoire qu'il faut souligner du haut de cette tribune.

Mon cher camarade Treint, je n'oublie pas le passé! Je ne l'oublierai que le jour où une défaillance creusera un abîme entre nous.

Un Délégué. — Comme en 1910!

LES ANARCHISTES CONTRE LA DICTATURE
DU PROLÉTARIAT

Monmousseau. — Camarade Treint, la solidarité qui nous a lié hier dans l'action, quelles que soient nos divergences de tactique, nous liera demain et c'est ainsi que deux mouvements prolétariens d'abord parallèles arrivent un jour à se rejoindre.

Ce n'est pas de notre faute si l'Union anarchiste a décliné sa place dans les Comités d'action contre l'impérialisme français où elle avait été invitée... (Mouvements.)

SEMARD. — Nous avons déclaré que la lettre n'était pas parvenue !

MONMOUSSEAU. — Allons donc ! Je rappelle à Colomer une certaine discussion préalable qui s'est déroulée dans le bureau de Dudilieux. Il était question du Comité d'action pour venir en aide à la Révolution allemande et défendre la Russie contre l'ultimatum de l'Angleterre ; nous avions fixé à la Commission exécutive de la C. G. T. U. le programme d'action sur lequel devait discuter le Comité d'action international, et comme nous exposions le programme à Colomer, notre camarade au nom de l'Union anarchiste, nous a déclaré : Je serais bien d'accord avec vous, mais nous considérons que le prolétariat russe, vis-à-vis de la guerre anglo-russe, a le même devoir d'insurrection à faire contre son gouvernement des Soviets que le prolétariat allemand et les prolétariats français et anglais contre leurs propres gouvernements. (Applaudissements sur divers bancs de la minorité.)

Nous ne pouvions pas être d'accord, car nous nous sommes rangés sans réserves ni conditions aux côtés de la Révolution russe, attaquée par l'impérialisme anglais ; nous avons déclaré que nous serions sans réserves ni conditions aux côtés de la Révolution allemande, quelles que soient les étapes par lesquelles elle doive passer.

Colomer nous a dit : « Personnellement, je serais d'accord avec vous. Mais, lorsqu'il s'agira de défendre en Allemagne un gouvernement prolétarien, la dictature du prolétariat, nous ne marcherons pas... » Que voulez-vous que nous fassions à cela ? La C. G. T. U. a dressé son programme ; elle a fait appel à toutes les organisations pour l'aider à mettre son programme à exécution ; le Parti communiste est venu ; il n'y a pas de subordination, il y a conjonction des idées et des efforts. L'Union anarchiste a déclaré que cela était contraire à ses principes, à ses tactiques, à ses conceptions révolutionnaires, elle s'est abstenue. C'est le droit de l'Union anarchiste et des anarchistes de s'écarter d'une action qui met en danger la pureté de leurs principes révolutionnaires. Mais les anarchistes sont mal placés pour nous reprocher notre collaboration avec le Parti communiste au sein des Comités d'action.

Il aurait peut-être fallu, pour vous satisfaire, que nous acceptions le programme adopté par l'Union anarchiste ; que nous violions nos résolutions de Congrès en faveur des résolutions élaborées dans les Congrès de l'Union anarchiste.

LES DESSOUS DE L'AUTONOMIE SYNDICALE

Notez bien que la C. G. T. U. a toujours réservé pour elle le monopole de décréter la grève générale et de la conduire, et que jamais les camarades participants aux Comités d'action n'ont élevé de protestation et n'ont fait d'opposition.

Je sais bien qu'au Parti communiste unitaire on a une drôle de conception de l'action de classe ; on veut que la C. G. T. U. soit autonome, et comment ! on veut bien l'aider dans sa propagande contre l'impérialisme français ; aller dans toutes les villes de France, monter aux tribunes faire des discours, profiter de la propagande, mais jusqu'aux limites où l'on engage sa responsabilité.

Nous avons répondu : « Cela était bon autrefois, au moment où les politiciens des partis électoraux faisaient des besognes de ce genre, au moment où ils se servaient du mouvement syndical pour s'en faire un tremplin électoral. Mais, en 1923, nous ne marchons plus. Les organisations révolutionnaires qui viendront au Comité d'action s'enfonceront jusqu'au cou dans les responsabilités. » Hélas ! les farouches défenseurs de l'autonomie syndicale ne sont plus revenus. (Sourires.)

PLUS LE P. C. SE PROLÉTARISE, PLUS IL EST ATTAQUE

La collaboration du Parti communiste et de la C. G. T. U. fait pousser les hauts cris aux militants de la minorité ! Qu'y pouvons-nous ? Vaut-il mieux suivre Broutchoux quand il nous propose une collaboration avec la Ligue des Droits de l'Homme, avec les groupements radicaux-socialistes et libre-penseurs, avec le Parti communiste unitaire, à l'exclusion du Parti communiste ?

Eh oui, la haine du Parti communiste vous a entraînés jusqu'à préconiser la collaboration avec des organisations représentatives de la bourgeoisie française, afin d'écarter systématiquement le seul organisme qui ait répondu à l'appel de la C. G. T. U.

MONMOUSSEAU. — Puisqu'on a évoqué le Congrès de Lille, souvenez-vous de cet instant où, au nom de la C. G. T. réformiste, Digat dénonçait le Parti communiste et l'Internationale communiste. Nous avons répondu alors en défendant l'Internationale et les révolutionnaires de Russie et nous n'avons vu personne protester sur les bancs de la minorité. Qu'y a-t-il donc de changé depuis ?

Le Parti communiste français était à peine en formation, il n'avait mis de clarté ni dans ses conceptions ni dans ses tactiques révolutionnaires, et voilà que plus il essaye de se prolétariser, plus il est attaqué. Une partie de la minorité travaille à l'heure actuelle avec le syndiqué Frossard (Exclamations) pour constituer l'unité politique du prolétariat, c'est-à-dire la coalition Frossard-Renaudel contre le Parti communiste, en même temps qu'elle cherche à réaliser l'unité syndicale au sein de la C. G. T. de la rue La Fayette contre la C. G. T. U.

De belles perspectives en vérité pour la Charte d'Amiens ! (Applaudissements de la majorité.)

Un Délégué de la minorité. — Ils la respectent aussi bien que toi.

Monmousseau. — Cette Charte qui permet aux lafayettistes notoires de faire appel à l'unité contre nous, qui permet des accords entre l'Union P.-O. des Cheminots unitaires et l'Union P.-O. des Cheminots lafayettistes, cette charte confusionniste qui permet de telles alliances et un tel retour vers le passé, prépare une nouvelle trahison des partis politiques unifiés et des unifiés lafayettistes lorsqu'un nouveau 1914 passera sur le monde. (Interruptions de la minorité.)

LES COMMISSIONS SYNDICALES

Monmousseau. — En ce qui concerne les Commissions syndicales, je ne reviendrai pas sur l'argumentation de nos amis Semard et Raynaud, j'enregistre seulement qu'il y a des désaccords d'appréciation entre Lartigue et Cazals à ce sujet.

Lartigue a déclaré qu'elles constituaient un cas de subordination alors que Cazals n'a exprimé qu'une crainte.

La crainte te rejettera-t-elle, Cazals, avec les négateurs de l'I.S.R. ? et l'I. S. R. sera-t-elle de ce fait moralement amputée, au Congrès de Bourges, d'une fraction de la majorité de Saint-Etienne ? Il faut choisir.

Je crois que vous avez déjà choisi cette alternative. Pour notre part, si nous avons des craintes en ce qui concerne les Commissions syndicales, elles ne sont pas de même nature. Le Parti communiste a des Commissions syndicales.

Un Délégué de la minorité. — Syndicales ou communistes ?

Monmousseau. — Tous les groupements extérieurs en ont et ce n'est pas toujours pour réaliser des accords circonstanciels, mais bien la liaison organique. (Exclamations de la minorité.)

Ce n'est pas à ciel ouvert qu'elle se fait la liaison organique, c'est dans les Comités occultes, dans les Loges et dans les officines journalistiques. (Applaudissements de la majorité. Mouvements divers. Exclamations de la minorité.)

La liaison organique ne s'inscrit pas dans les statuts de la minorité, mais elle s'opère avec Frossard...

Un Délégué de la minorité. — Le grand cheval de bataille !

Monmousseau. — ...qui collabore à « Paris-Soir »...

Un Délégué de la minorité. — Qu'est-ce que cela vous fait ?

Monmousseau. — ...avec les orthodoxes de la bourgeoisie, et c'est le syndiqué Frossard qui préconise la scission dans la C. G. T. U. pour le bénéfice de la rue La Fayette.

Un Délégué de la minorité. — Laissez-le donc, Frossard !

Monmousseau. — Frossard déclare en s'adressant à la minorité :

« La minorité ne veut pas me connaître ; s'il lui est arrivé de mettre les pieds rue Saint-André-des-Arts, elle s'en accuse et s'en excuse. »

Ou bien vous confondrez Frossard ou c'est Frossard qui vous confond...

Un Délégué. — Cela a déjà été fait !

Monmousseau. — Je voulais simplement vous dire que la liaison organique ne se fait pas par les statuts de l'I. S. R., mais qu'elle se fait rue Saint-André-des-Arts, et ailleurs. (Applaudissements de la majorité.) Elle se fait tous les jours, en même temps que la conspiration contre le mouvement révolutionnaire. (Interruptions de la minorité.)

Revenons aux Commissions syndicales ; ce que nous pourrions craindre, nous, c'est que les Commissions syndicales, qui représentent dans la C. G. T. U. une doctrine communiste, ne servent un jour à la propagande électorale du Parti communiste.

Semard. — Et nous nous dresserons contre cela.

Monmousseau. — Si jamais il pouvait en être ainsi, camarades communistes, vous prendriez, devant le mouvement révolutionnaire...

Un Délégué. — C'est déjà fait ! (Bruit.)

Monmousseau. — ...la plus grande responsabilité car vous conduiriez la C. G. T. U. à la pire des décompositions. (Applaudissements de la majorité.)

Mais, si les Commissions syndicales sont des organisations représentatives d'une doctrine communiste, d'une tactique révolutionnaire, si elles sont un moyen pour un parti, quel qu'il soit, d'exercer un contrôle sur ses adhérents au sein du mouvement syndical, elles ne nous font pas plus peur qu'à Matton.

Je me souviens qu'avant la scission le Parti communiste mettait ses organes à la disposition du mouvement de la minorité, mais qu'il avait des adhérents qui oubliaient souvent d'être révolutionnaires au sein de la C. G. T. réformiste.

Alors, vous receviez, camarades du Parti communiste, de nombreuses visites, pour vous dire à chaque occasion : « Ah ! il est joli, votre Parti ; nous connaissons un adhérent dans notre syndicat, membre du Parti communiste, qui vote avec la majorité de la C. G. T. Lafayette ». Les camarades du Parti communiste prenaient note et répondaient aux visiteurs : « On les rappellera à l'ordre et à la discipline syndicale ».

Monmousseau. — Si tel est le but que poursuivent les Commissions syndicales, je déclare qu'elles sont salutaires pour le mouvement ouvrier ; tous les groupements révolutionnaires sont à même d'en faire autant. Entre les tendances de la C. G. T. U., nous ne voulons pas faire de différence.

Lorsque Marie Guillot et Lartigue, dans leur déclaration, prétendent que nous nous sommes dressés l'année dernière, avant le Congrès de Saint-Etienne, contre l'Union anarchiste, cela n'est pas exact. Nous nous sommes dressés contre la tactique anarchiste, mais jamais, dans aucune de nos déclarations, nous n'avons mis en cause l'Union anarchiste qui était libre de faire ce qu'elle voulait et qui en a largement profité, lorsque, répondant à une convocation du Comité d'action, elle déclarait publiquement dans son journal :

« Oui, nous avons réfléchi ; nous rentrons au Comité d'action ; mais ce n'est pas pour collaborer avec les délégués de la C. G. T. U. et du Parti communiste ; c'est pour saboter le Parti communiste et exercer un contrôle sur le Comité d'action et sur les délégués de la C. G. T. U. »

Voilà comment on entendait la collaboration et l'autonomie de la C. G. T. U.

HISTOIRE D'ARGENT !

Et maintenant, camarades, il reste entendu que pour vous dire tout cela nous sommes payés par Moscou ; si nous répondons à vos accusations, c'est parce que nous avons reçu de l'argent ; nous ne sommes que des domestiques et des exécuteurs de mots d'ordre. (Exclamations de la minorité.)

Lecoin. — Que Monmousseau ose demander au Congrès une commission d'enquête, nous nous chargeons de prouver qu'à la « Vie Ouvrière » on reçoit de l'argent inavoué et qu'il vient de Moscou. Qu'il demande une commission d'enquête, même choisie parmi les membres de la majorité. (Mouvements divers.)

Monmousseau. — Nous sommes des vendus à Moscou, des domestiques ; nous touchons beaucoup d'argent ; nous avons des villas un peu partout. Il nous arrive même d'aller nous reposer aux bains de mer.

Eh bien ! camarades, réglons nos comptes :

L'Union anarchiste n'a-t-elle pas déclaré, à un Comité d'action où elle était représentée, qu'elle participerait volontiers à l'action du Comité, mais qu'elle n'avait pas d'argent dans sa caisse ? Est-ce que le délégué du Parti communiste n'a pas offert un don de la caisse du Parti communiste à l'Union anarchiste pour lui permettre de travailler au sein du Comité d'action ? Est-ce que l'Union anarchiste n'a pas accepté ?

Un Délégué. — Non, Monmousseau !

Monmousseau. — Et n'a-t-elle pas par la suite participé à nos travaux ?

Tout cela est très bien ; c'est de la solidarité bien comprise entre organisations révolutionnaires. Mais vous ne saviez donc pas, à cette époque, camarades anarchistes, que c'était de l'argent de Moscou ?

Lecoin. — On l'a refusé.

Monmousseau. — Vous avez du « culot », camarades ! Comment ! vous avez crié par-dessus les toits que nous étions des salariés de Moscou, que nous étions les vendus de Moscou et que l'argent de Moscou était de l'argent immoral.

Mes pauvres amis ! S'il en est ainsi, ce n'est qu'avec lui que vous avez pu travailler au Comité d'action, ce n'est pas nous qui vous en ferons grief.

STIPENDIES DE MOSCOU !

Nous sommes des domestiques ? Notre propagande se fait par ordre ? Mais un jour viendra où la C. G. T. U. prendra sa place dans la bataille décisive ; demain, peut-être, aux côtés de la révolution allemande, elle déclarera la guerre à l'impérialisme français. Ce jour-là, lorsqu'elle se situera, non pas, comme en 1914, du côté de l'union sacrée, mais à sa véritable place de combat, au moment où ses militants seront accusés de haute trahison, d'attentat contre la sûreté de l'Etat capitaliste pour avoir saboté la mobilisation, ce jour-là croyez-vous que Moscou nous aura payé trop cher ?

L'anarchie a eu sa période héroïque, la période de Vaillant, de Caserio, d'Emile Henry. Vous ne vous souvenez donc plus de ce que disaient alors les journaux de la bourgeoisie? On dressait l'opinion publique contre vous en disant : les anarchistes sont des exécuteurs de mots d'ordre ; ils sont payés pour cela et quand ils ne marchent pas, ils sont exécutés par leurs propres camarades. Comme si l'argent valait plus que le sacrifice de sa vie !

Les arguments que vous nous servez aujourd'hui, camarades anarchistes, sont ceux qu'employait contre vous la bourgeoisie à l'époque héroïque de l'anarchie ; et vous vous en servez contre nous au moment où la C. G. T. U. entre dans la période héroïque, avec tous les militants révolutionnaires que vous n'aurez le droit d'injurier que le jour où ils auront trahi les intérêts de leur classe.

CONCLUSION

En montant à cette tribune, mes camarades m'ont donné un mandat. Ce mandat, c'était d'élever une protestation contre les déclarations de Colomer, au moment où il dénonçait le gouvernement des Soviets comme un gouvernement d'assassins.

La protestation, la voilà : une minorité comme celle que nous avions au moment où nous prenions position contre les réformistes, une minorité qui a en elle la vérité et l'avenir ne meurt jamais ; elle progresse. La minorité qui au sein de la vieille C. G. T. se dressait contre les réformistes avait en elle la vérité ; bien que brimée, elle a grandi, elle a traversé tous les Congrès ; elle était à Lyon, à Orléans, à Lille. Elle a résisté à tous les assauts et aux matraques de Rivelli ; elle est devenue la C. G. T. U. ; et si elle est devenue la majorité dans la C. G. T. U., c'est qu'elle portait en elle la vérité profonde de la lutte des classes et l'avenir du prolétariat.

Les syndicats, depuis des mois et des mois, ont entendu l'accusation de Colomer ; car le discours de Colomer n'a pas été ici un discours inaugural. Toute la France ouvrière a été traversée par les militants de l'Union anarchiste, et les syndicats se sont rangés plus nombreux de jour en jour à nos côtés, aux côtés de la Révolution russe.

La voilà, la protestation. Elle est là devant nous. Inutile de la fixer dans une résolution, elle est toute dans la majorité de ce Congrès. Une minorité qui ne grandit pas, qui, de Saint-Etienne à Bourges, périclite, contient l'erreur en elle! (Exclamations sur les bancs de la minorité.)

Et la vôtre, camarades du Comité de Défense syndicaliste, n'est plus qu'un reflet du passé! (Applaudissements sur les bancs de la majorité. Exclamations sur les bancs de la minorité.)

MAISON DES SYNDICATS
SERVICE DE L'IMPRIMERIE